地方自治ジャーナルブックレット NO.73

シンポジウム

マイナンバーカードと保険証の一体化について

地方自治と地域医療の視点から考える

２０２３年１２月１６日（土）午後１時３０分～午後４時

（開催方法）Zoom ウェビナーによるウェブ配信にて開催

公人の友社

目　次

いま、私たち市民ができること

内田　聖子（ＮＰＯ法人アジア太平洋資料センター（ＰＡＲＣ）共同代表）

マイナ保険証「狂騒曲」は、政府の拙速な提起から始まり、トラブルや批判を避けるため政府が策を打てば打つほど、その混迷ぶりが極まっている。国民の「不便さ」と「不信」は募る一方で、自治体の現場や医療機関の職員に実務のしわ寄せが行くという、最悪の状況だ。

本書では、各分野からの論者がマイナ保険証の問題点を鋭く指摘する。

経済ジャーナリストの荻原博子氏は、「マイナ保険証によって国民の生活が不便になる」と断じる。実際、多くの現場でトラブルが続き混乱の中で国民は利便性を感じるどころか、不信ばかりが募り、マイナ保険証の利用率は8カ月連続で減少し、昨年12月には4・29％にまで落ち込んでいる（東京新聞２０２４年1月29日報道）。

全国保険医団体連合会会長の住江氏は、政府の方針がこのまま進めば、地域医療での大きな問題となっている要介護高齢者や在宅介護高齢者など制度からこぼれ落ちる患者を生み出し、国民の医療アクセスが妨げられる危険があると指摘する。保険医協会の調査では、顔認証付きカードリーダーの不具合やマイナ保険証のチップの破損など多種多様なトラブルが起こっており、システムベンダーも原因を特定できずに対処不能のケースも増加しているという。

マイナ保険証による混乱を直接受ける自治体の首長として、世田谷区長の保坂展人氏は、政府の指示が自治体に大きな負担としてのしかかっていると指摘する。それを裏打ちするように、少なくとも全国27都道府県の１１０議会が、現行の健康保険証の廃止延期・存続や何からの対策を求める意見書を可決した。国政与党である自公会派が積極関与するケースもあり、国が自治体に押し付ける性急な政策に地方議会からも異論が相次いでいる。

内田 聖子

さらに弁護士の小島延夫氏からは法的な観点から、長野県飯山市長の江沢岸生氏からは人口の少ない自治体で地域医療をいかに守るかという視点で、マイナ保険証の問題を指摘する。いずれもそれぞれの現場から、専門性に基づく説得力ある考察だ。

なぜここまで深刻な状況が生まれるまで、検証や対策が不十分なまま進められてきたのか。２０００年代以降に本格化する日本のＩＴ政策そのものに根本的な問題があると言わざるを得ない。様々な角度からの指摘が可能だが、ことマイナ保険証をめぐる問題としては、「国民への周知」と「技術的な信頼性」を挙げておきたい。北欧諸国では早くも１９７０年代から個人番号制度や行政記録のデジタル化が進んできたが、日本の健康保険証にあたる「健康カード」は別に存在する。報道でもある通り、「マイナンバーカード＋保険証」一体化はＧ７で日本だけだ。それでも、デジタルデバイドの解消やプライバシー保護のため、国民への周知を何年もかけ徹底して行ってきた。先進的なデジタル政策で知られる台湾では、「身分証」とＩＣチップ付きの「自然人証明書」カードの2種類が導入されているが、２０１９年、台湾当局は行政サービスの利便性を高めるため2つのカードを「統合する」と発表。将来的には健康保険カードや運転免許証の機能も一緒にする方針を出した。これに対し、市民から「サイバー攻撃による情報流出」「高齢者が適切に利用できないのでは」などの強い懸念の声や、

「個人情報が適切に管理されているかを監督する独立した組織設立が必要」などの意見が続出した。結果的に台湾当局は２０２１年、「社会のコンセンサスが得られるまで、計画をいったん停止する」と発表した。

つまり日本政府が言うほど、デジタル化は盤石でスムーズにいくものではなく、新たな技術や制度を導入する際には、どの国も国民の反応を聴き、場合によっては立ち止まるという判断を下しているのだ。また今回、技術的なトラブルが続出した問題は、まさに日本的な下請け構造が背景にあるのではないか。政府から発注を受けたＩＴ大企業が下請け、孫請けと仕事を下す過程で費用は中抜きされ、末端で作業をするエンジニアは安価な賃金で過酷な労働をしてきたと指摘する人もいる。本来、こうしたプログラムをつくる際は、プログラマーとクライアントが密に連絡を取りながら、適宜修正していくというコミュニケーションが欠かせない。しかし短い納期で十分な検証もなく製品は世に出されてしまった。本書に登場する萩原氏はこうした構造を「ＩＴ土建国家」とも評しているが、まさに日本の技術力の劣化が明らかになってしまった。

いま私たち市民ができることは、政府のマイナ保険証推進を何としてでも立ち止まらせ、人々に資するデジタル化について考え直すことだ。本書はその際の基本的な視座を与えてくれる。

ご挨拶

司会（正木順子・弁護士）　ただいまより、シンポジウム「マイナンバーカードと保険証の一体化について　地方自治と地域医療の視点から考える」を開催いたします。開会にあたり、公益社団法人東京自治研究センター栗田副理事長よりご挨拶させていただきます。

栗田文彦（東京自治研究センター）　シンポジウムご参加の皆さん。公益社団法人東京自治研究センター副理事長の栗田文彦でございます。開会にあたり一言、ご挨拶申し上げます。

本日は、年末のお忙しいところ、多くの皆様にご参加いただき、誠にありがとうございます。

皆様ご承知の通り、マイナンバーと紐付けられた健康保険証の情報について、誤った紐付けが全国で報告され、大きな問題となっております。マイナンバーの紐付けに関する総点検の最終取りまとめが発表されましたが、岸田首相は当初の予定通り２０２４年の秋に現行の保険証を廃止することを表明しました。政府は誤作業の再発防止に努めると言っておりますが、依然として国民の不信は根強いところでございます。

栗田　文彦
（東京自治研究センター副理事長）

本シンポジウムでは、「マイナンバーカードと保険証の一体化について　地方自治と地域医療の視点から考える」と題して、地域医療と地方自治の視点から多角的に議論し、マイナンバーカードと現行の健康保険証廃止に関わる問題点について共に考えたいと思い、開催に至ったところでございます。本シンポジウムは、東京自治研究センターと長野県地方自治研究センターの共催で開催しておりますが、明治大学自治体政策経営研究所の多大なご協力をいただきました。この場をお借りして感謝申し上げます。大変ありがとうございます。

さて、本日のシンポジウムの内容ですが、前半ではジャーナリストの荻原博子さん、全国保険医団体連合会会長の住江憲勇さん、東京都世田谷区長の保坂展人さんの3名の方からご講演いただきます。後半ではご講演いただく住江さんに加え、長野県飯山市長の江沢岸生さん、弁護士の小島延夫さんでディスカッションを行っていただきます。

本日ご登壇いただきます皆さまにおかれましては、大変、お忙しいところ、貴重なお話をいただきますことに心から御礼申し上げます。

本日のシンポジウムがマイナ保険証問題について皆さまと共に考え、議論を深めるきっかけになりましたら幸いです。以上、簡単でございますが開会のご挨拶とさせていただきます。

司会　それでは「講演1　マイナ保険証の問題点について」、荻原博子様お願いいたします。

〔講演１〕

「マイナ保険証」の問題点について

荻原　博子（経済ジャーナリスト）

〔講演２〕

医療機関及び高齢者施設の現場から見た「マイナ保険証」の問題

住江　憲勇（全国保険医団体連合会会長）

〔講演３〕

「マイナ保険証」が地方自治体にもたらす問題

保坂　展人（世田谷区長）

保坂　展人

住江　憲勇

荻原　博子

〔講演１〕
「マイナ保険証」の問題点について

荻原　博子　（経済ジャーナリスト）

荻原と申します。マイナ保険証の一番の問題は、皆さんの生活が不便になるってことなんです。政府はマイナンバーカードを使えば皆さんの生活が便利になると言っていろいろな国の例を紹介して、ここではこんなに便利にやっていると話をしていますが、あれは他の国の話です。それもデンマークとかスウェーデンとか、インターネットインフラがしっかりしている国の話です。後でその話はしますけども日本では今の保険証よりも数段不便になります。そして数段危なくなります。

マイナンバーカードの危険性

偽造カード

この危ないという話をすると、皆さん12月の４日に中国人がマイナンバーカード７５０枚偽造して逮捕されたという話を見聞きしたと思いますけれども、今本当にカードの偽造というのは多いです。これは、10月に中国人の夫婦が運転免許証を1万人分偽造して、これはバイトでやってたんですね。それが摘発されたという事件がありました。多分、これらの事件の後ろに大きな犯罪組織があって、その人たちが1日1万5千円とかで雇われて、大量に偽造カードを作っている、本当に氷山の一角だと思います。免許証を偽造して顔が張り替えられるんですね。

そうすると、まるで自分が免許証を持っている人のようになりすまして、いろいろな手続きをして免許証のコピーを出せばお金を振り込んでくれるというのがありますから、そこで私の知り合いでも４００万円、詐欺にあった方

荻原　博子

がいました。ただその方はＩＴ関係だったので、その偽造された免許証に対してこれはどういう風に偽造されたのか、それからどういうところで自分の名前を使われているのか、ちゃんと調べ出し割り出して、犯人がノコノコ、もう一回（お金を）借りに来た時に捕まえたわけです。しかし、これは普通の人にはとてもできないことです。

ですから、同じようにカードを偽造して、このマイナンバーカードというのは身分証明書ですから、その身分証明書が悪用されても、自分は分からないというようなケースが出てしまう。そういう意味では非常に危ないということが第一点です。

顔認証問題

この危ないということの中に入るんですけれども顔認証の問題です。

今皆さん、インターネットに向かっていると思いますが、インターネットでGoogle、医師、マイナ保険証の３つをGoogle に入れていただくと、多分長崎のお医者さんの画像が出てくると思います。そのお医者さんが何をやっているかというと、これ実験的にね。自分の顔を写真に大きく引き伸ばして、それを看護師さんに「お面」のように付けさせて、それで自分のマイナンバーカードを認証するかどうかテストをしてみたところが、これ YouTube で認証されているところがちゃんと出てるんですね。

ということは、自分の顔じゃなくても写真でできちゃうんですね。団扇で実験した人もいるみたいですね。そしたら、団扇に写真を付けて近づけて自分のカードを置いたらそれで認証しちゃったとか。

私の知り合いの千葉県の保険関係の女性なんですけども、隣にいらっしゃる男性のマインバーカードを借りて自分の顔を写して、その男性のカードを置いたら認証されてしまった。もうここまで来ると誰でも顔認証ですね。

後程、住江会長の方から保険証の、暗証番号のないマイナンバーカードの話なんかが出てくるんだと思うんですけども、そういうマイナ保険証ですね。暗証番号のないマイナ保険証。これ顔認証と目視でやる訳ですよね。顔認証だから誰でも成りすまして保険診療受けられちゃいますよね。しかもちょっと怖かったら、厚生労働省のホームページに行けば、マイナ保険証が扱えない、機械がまだ置いてないところで治療してくれる。そういうところに行ってカードだけポーンと出して、「こういうものですけど、お願いします」と言って、診療も受けられちゃいますよね

ですから、本当にそういう犯罪がこれからものすごく増えてくると思います。今の段階は確かに打ち間違いとか、事務的なミスとか、そういうのがすごく多かったんですが、それはそれで大変な話なんですけども、そうではなくて、詐欺師集団みたいなところに偽造されてしまっ

たら、それで何に使われてしまうのかわからない。

マイナンバーカードと携帯電話

実はこれ何に一体使われるんだろうと思っていろいろ調べてみました。そしたら、たぶん今携帯電話を作る時って、マイナンバーカードみたいなものがないと作れないんですね。ですからそのカードを使って携帯電話を作る。そして詐欺師は携帯電話でいろんな悪さをするわけです。なりすまし詐欺とか、おれおれ詐欺とかいろいろありますけども、その携帯は自分の身元が割れないですよね。偽造ですから。偽造のマイナンバーカードで作ってあるから、そうやって、いろいろなことに悪用されていくんだと思います。

そのたんびに、マイナンバーカードという名前が出てきたら皆さん本当に怖いと思いますよね。政府は、みんなでマイナンバーカードを、街で持ち歩いてくれとか言ってますが、そんなの怖くて持ち歩けないですよ。だって、落としたらどうなるのか？　取られたらどうなるのか？　そういう保障は全くしてもらっていません。ですから、カードそのものが本当にセキュリティがしっかりしているのかどうか、こともあろうに、そのセキュリティがしっかりしていないということなんだろうと思うんですけど。

２０２６年にはまた新しい新マイナンバーカードというセキュリティのしっかりしたカー

ドを出すなんて、本当にバカ言っちゃいけないと思いますよね。

今までマイナンバーカード、特にマイナ保険証の普及のために、政府は3兆円のお金を使っています。皆さんマイナンバーカードを作って保険証と振込口座をつけたら、なんと2万円分のポイントがもらえたとか喜んでますけど、3兆円使ったってことは、国民一人当たり、赤ちゃんは除外したとして、ざっくりなんと3万円払ってるんですよ。一人当たり3万円の皆さんの税金を使ってる。2万円をもらって喜んでる状況じゃないですよね。

ですから、マイナンバーカードそのものの危険性というのがまず1つある。

生活が不便になる

もう1つの大きな問題は、皆さんの生活が無茶苦茶に不便になるってことなんです。

政府は、マイナンバーカードを導入する時に、皆さんの生活が便利になります。このカードに運転免許証も入る。もう全部このカード1枚で済みますからすごく便利になりますよと。

でもね、それについて考えてみてくださいよ。そのカードを落としたらどうなるんですか？

そのカードを落としたら、他に何にも自分を証明するものがなくなるんですよ。

マイナンバーカードは本当にお笑いのようですけど、マイナンバーカードを紛失した時にはどうすればいいのかという総務省のホームページを見ると、紛失した時には「自分を証明できるパスポートとか運転免許証を一緒に提出してください」ってあるんですよ。全部中に入れちゃおうっていうのにね。本当にそういうところで何も考えていないようにこういうカードを作っているんだなってのは、すごくよくわかります。

紙の保険証が廃止されたら

では、なぜこんなに不便になるのか？　特にこの不便になるのはマイナ保険証なんですよ。マイナ保険証がなぜ不便になるのかというと、来年（２０２４年）の秋に保険証を廃止するからなんです。

今あまりにトラブルが多いので、政府はマイナ保険証だけじゃちょっと心もとないので、「病院に行く時は必ず保険証も一緒に持ってってください」と厚生労働省は言ってるんですよ。ですから、「皆さん保険証もあるから大丈夫です」ということに今なってるんですね。でも、この保険証をなくしてしまったらどういうことになるのか？　今、マイナ保険証の利用率がぐんぐん下がってます。すでに４・５％を切ってます。

なぜこんなに利用されなくなっているのかというと、不便だからです。

それでは皆さん、どうしてるの？

病気になった人は保険証を使ってるんですよ。だから、保険証を使ってる人が増えてマイナ保険証を使ってる人が減ってるのに、なぜこの増えてる方の保険証を来年の秋に返してしまうのか？

さっぱり意味がわからないですよね。

それでじゃあ、どういうふうに具体的に不便なのかというと、これは後で医療関係の方、そして自治体も、ものすごく不便なんですけど、それに関しては保坂区長からお話があると思いますが、どんなに自治体が困ってるのか、これはね、ものすごくよくわかると思います。

医療に関しても住江会長に聞いていただくと、お医者さんがどんなに困っているのか、すごくよくわかると思います。

医療作業が無茶苦茶に増えます

ちょっと私が触りだけ言うとすれば、医療作業が無茶苦茶に増えますね。なぜなら来年（2024年）の秋に保険証を廃止しますね。そうすると皆さん毎回保険証を持っていかなきゃいけない。マイナ保険証を持っていくだけだったらいいですけども、マイナ保険証じゃない人、というのもいますね。それは暗証番号のマイナ保険証を持ちたくないという私みたいな人間ですよ。マイナ保険証は怖いから持ちたくないという私みたいな人間は、資格確認書というのを持っていくことになります。

中には記憶が飛んじゃって、暗証番号をよく覚えていないという方もいらっしゃるじゃないですか。そういう人のためには、暗証番号のないマイナ保険証が出されますね。ただそれは、さっき言ったように、カードリーダーで顔認証するか目視になります。

カードリーダーで顔認証するというのは、本当に今大丈夫なのか。ゆるゆるになってますね。ですから、事務の方なり、何なりの目視する時間余計にかかるじゃないですか。

その３つだけだったら、なんとかなるかもしれないけども、そこに一体自分が何割負担なのかよくわからないという人の被保険者資格申立書というのを書かなきゃいけないんですよね。これも病院の窓口に用意しなきゃいけないんです。これが大変なのは、書くところに分からないことがあれば「分からない」というしるしを付けるようになってるんです。だいたい皆さん、自分が何割負担だとか、それから自分がどういう保険に入ってるか分からない人多いですよね。

そうすると、みんな「分からない」につけとくじゃないですか。そしたら、この「わからない」を病院とか保険関係のところで一生懸命調べなきゃいけない。これもひと手間ですよね。さらに、「資格情報のお知らせ」というのも出すことになっています。この資格情報のお知らせというのは、「あなたはこういう保険に入ってますよ」というようなことを出すんです。これは、暗証番号のないマイナ保険証と一緒に出さなきゃいけないとなっていたり、ものすごい不便なんです。

今までは、保険証を月に1回窓口に持って行って、それで済んじゃった話ですよね。しかももしその時に保険証を忘れたら、「今日忘れたので、次回来る時にはちゃんと持ってくる」ということで終わってたんですよ。ところが、今度は毎回毎回、今の5種類の他に、1年間は暫定的に保険証を使うので、窓口は6つの書類とかカードとかいろんなものを持ってこられる訳です。

これで楽になったって言うんですか？　窓口はパニックになると思いますよ。

じゃあ、皆さんの方はどうなのか？　さっき言ったように、もう本当に毎回毎回それを持って行って出さなきゃいけない。

暗証番号を間違えたらもうそこでストップしてしまう。そういうことを繰り返していると、慣れない人が対応していたら、窓口に列ができるじゃないですか。列の後ろの方に行っておくことも、皆さんにとってもものすごく不便。それから病院にとってもものすごく不便。こんなものすごく不便なものを3兆円もかけて、皆さんの税金ですよ。1人3万円払って、そんなもの作ってもらいたいと思いますか？

健康保険制度が崩壊する

私が絶対反対するのは、もうそんなものを作ってほしいと思いませんが、一番マイナ保険証の大問題は、もしかしたら皆さんが今のように安くて、いつでもどこでも自分の病気になった時には診てもらえる。この健康保険制度と言いますけども、この制度が崩壊しちゃうかもしれない。ちょっとオーバーじゃないのって思うかもしれませんけども、私の話を聞いていただければそういうこともありえるよねと思います。

なぜなら今言ったマイナ保険証、誰が一番使うのか。これは年配の方ですよね。若い方ってあんまり病気しないじゃないですか。ですからあんまりいらないんですよね。だからもしかしたらマイナンバーカードそのものも使う機会がないかもしれません。ポイントだけもらって取ってあるかもしれない。でもこのマイナ保険証というのは5年に一度更新しないと、しかも自分で更新しないと、有効期限でおしまいになる。

岸田首相は、テレビに出てきて堂々と「いや、マイナ保険証はプッシュ型でみなさんにお送りします！」と言っていますが、今の保険証もプッシュ型で、何にも言わなくても向こうから送ってきてくれますよね。ですから、それを今の保険証に差し替えればいいだけなんです。

「それじゃあ、マイナ保険証もそういうふうにしてくれるんだ！」って思った方もいらっしゃるかもしれませんけども、法律を見ると、申請となってますね。法律で申請となっていたら、法改正しなければプッシュ型にはならないんです。ですから、これは最初だけのリップサービスです。

2度目からは自分で申請に行かなきゃいけないんです。それは不便でしょ？

そうなると、多分若い方っていうのは「もうめんどくさい。忙しいのに、ポイントもくれるわけじゃないからいいや！」って。こうやって放っておきますよね。放っておいたらマイナ保険証の有効期限が5年で切れちゃう。切れたらどうなるかっていうと、病院に行っても「あなたは10割負担になっちゃいますよ！」みたいな話になりますよね。そうなった時に若い方が「じゃあいいよ、どうせ俺、病気にならないんだから、保険料払わなくていいだろう！」っていう人がものすごく増えてくると思います。

その証拠に、現在国民年金保険は半分ぐらいが未加入でしょ。そんなに高い保険料払いたくないからいいよと。将来は年金もらわなくてもいいから払わないっていう人が半分ちょっとみんなただで入れるようにしちゃったので、ちょっと増えたかもしれませんけれども、3割から4割は未加入ですよ。

今の保険証には全員が入ってるじゃないですか。ここに若い方の3割から4割が未加入だったらまず、そこで保険制度がボロボロボロって崩れてしまいます。そうしたら、これからしっかり使うご老人の方はどうなるのか。

保険証を必要とするご老人は、自分たちは使うから保険料も払って、保険証もちゃんと持っていくことになるかもしれませんけども、足腰立たなくなったらどうするんですか？ 保坂区長から話があるかも知れませんが、足腰立たなくなったら自治体の職員が行って、マイナ保険証の登録をしてあげますというような仕事まで、代わりにやるのかどうか。そんなコストが自治体にかけられるのかどうか。

今ケアマネジャーさんは、一人50人くらい患者を抱えてるんですよ。そういう方がわざわざそうやって、いろんな書類取り寄せてやってくれるのか。それは無理だと思いますよ。じゃあ、ケアマネさんもダメだって誰がやるんでしょうか。そしたら介護施設だってもう手一杯。もうそんなこととてもできません。ということで、最終的に寝たきりの方はたらい回しにされてしまう。

ちなみに、これから在宅介護っていう人も増えてきますけど、厚生労働省は、なんとこの在宅介護の看護師さんたちにもマイナ保険証の仕事をさせると言ってますよ。こんな弱小なところでそんな機械を入れて、わざわざそれをやるなんてとてもできないって悲鳴を上げてますよ。そういう人ばかりなんですよ。

ですから、もしかしたら老人の方からも保険制度が崩れてくるかもしれない。そうなるとどういうことが起きるのかって言ったら、残った人で健康保険を支えなきゃいけないってことになりますね。残った人で支えるってことは若い働き手の方たちが支えることになる。

しかし皆さん、今、本当に余裕ないです。物価高なのに、賃金が上がらない。18ケ月連続で実質賃金が下がってるんですよ。その賃金が下がってる人たちに、「保険加入者が少なくなったからみなさんの負担を上げますよ、今の2倍」とか言われたら、もうそれだけで脱落しちゃいますよね。

ですから私はそうやって、この日本の大切な健康保険制度から人々が抜け落ちていくんじゃないかと思います。

そうなったら今のお医者さんたちもどうやって命と健康を守るための仕事ができるのでしょうか。お医者さんも、かけこまれたら一生懸命治療しますよね。一体、誰がお金を出してくれるんだということになっちゃいますよね。そうやって、日本中が大混乱しているうちに保険制度そのものが崩れていってしまう。これが、一番怖いことですね。

私たちはこの健康保険制度というのを60年かけて作ってきたんです。それも、諸先輩が本当に不便なところを便利にし、改良に改良を重ねて60年かけて作ってきた。それで、世界最高水準の保険制度になっているんですよ。それをどうして崩さなきゃいけないのか。

どうして岸田政権ごときが、崩壊させなきゃいけないのか。私は本当に理解に苦しみます。ですから、こうやって、皆さんにも病院にも自治体にも、いろんな人の負担を増やすことで、さらにその先には保険制度の崩壊が待っているかもしれないというような、そんな重大なことを簡単に河野太郎さんごときが決めていい話でしょうかね。私はそういう意味で保険証廃止さえしなければ、多分保険制度が崩壊に直面するということはないと思います。

ただどういうことが起きるかというと、みんなやっぱり保険証の方が便利だから、マイナ保険証を使わなくなって、期限がくれば順にボロボロ、ボロボロいなくなってしまう。最終的には住基ネットのようになっていくんでしょうね。

今、そもそもマイナンバーカード事業をやっているのは、昔住基ネットをやっていたところです。ああいうところが昔の仲間を集めてやっている。それも本当に利権の匂いがして嫌なんですけど、来年（２０２４年）の秋（現行の保険証を）やめる、こんな日本を崩壊させるような無謀な真似はしてほしくないと思います。

最後に言いたいのは、保険証の廃止だけは、河野太郎が、何と言おうが廃止だけはやめさせましょう。そうしないと、皆さんが世界で最高の医療を受けられるこの保険制度が崩壊します。

一緒に頑張りましょう

【司会】　ありがとうございました。それでは次に講演「医療機関及び高齢者施設の現場から見たマイナ保険証の問題」に入ります。住江憲勇様。お願いいたします。

〔講演2〕

医療機関及び高齢者施設の現場から見た「マイナ保険証」の問題

住江　憲勇　（全国保険医団体連合会会長）

全国保険医団体連合会の会長、住江憲勇と申します。全国で10万7０００名の会員を擁する保険医協会がございます。地域の第一線の医療機関で働く保険医師、歯科医師の団体です。常日頃、地域の皆さん方の命、健康に携わっていただいております。

そういう立場からこの問題について、問題点をお話しさせていただきます。

今、国民皆保険の根幹を揺らしかねない状況にある

デジタル化推進は名ばかりでございます。医療が受けられない患者、国民を生み出してはなりません。保険者が全ての被保険者に保険証を発行、交付することは、これは法令上も義務付けられていることでございます。改正法では電子資格確認が原則となり、例外として、電子資格確認を受けることができない状況にあるときに資格確認書が発行されます。しかし申請漏れ申請遅れ、またタイムラグ、システム障害等により、有資格者であるにもかかわらず資格確認が困難なため、無保険者扱いとなる人が必ず発生します。

現在、地域医療での大きな問題となっています。要介護高齢者、在宅介護高齢者など制度からこぼれ落ちる患者の人を生み出し、国民の医療へのアクセスが妨げられます。また、医療の質向上を掲げてきたことが、こういうシステム整備の変化により、長年地域医療を支えてきた医療機関がシステム整備に耐えられないところが出てきて、追い

住江　憲勇

込まれる中で閉院、廃院に追い込まれることは、本当に本末転倒した話であり、地域医療崩壊を加速させていると言わざるを得ません。一人の無被保険者扱いになる人も生み出すことなく、国民皆保険制度を守るためには、健康保険証の廃止は撤回すべきです。デジタル化医療事業推進の名目で、患者は国民医療保障から切り捨てられるようなことがあってはなりません。

今、国民皆保険の根幹を揺らしかねない状況にあると言わざるを得ません。あくまで健康保険証による資格確認を前提とした上で話は進めていくべきだと思っております。

トラブル調査の結果

それでは実際のトラブル調査の結果を公表したいと思います。

これは今年の５月23日から６月19日の間にとったアンケート調査の結果でございます。直前にも10月１日からの緊急のアンケート調査もやらせてもらいました。それについては12月20日に記者会見でその結果を報告させていただきます。大体は６月時点の調査結果とほぼ同じです。

マイナ保険証を利用で「無効」が多発

回答では65・1％でトラブルがございました。トラブルがあったうち、「無効該当なし」と表示されたのが66・3％です。その次は、「カードリーダーまたはパソコンの不具合」48・4％、そして「マイナ保険証の不具合・ICチップの破損等」そういうところで20・0％といったデータが見られました。

マイナ保険証を利用で「無効」が多発、「無効該当なし」と表示されたのが66・3％。オンライン資格確認、リアルタイムに関与されていないことが主な原因です。先ほども言いましたようにタイムラグ、そしてまたシステム障害、何よりも申請漏れなど、そういうこともあります。そういうことで、資格があってもこのマイナ保険証を使って

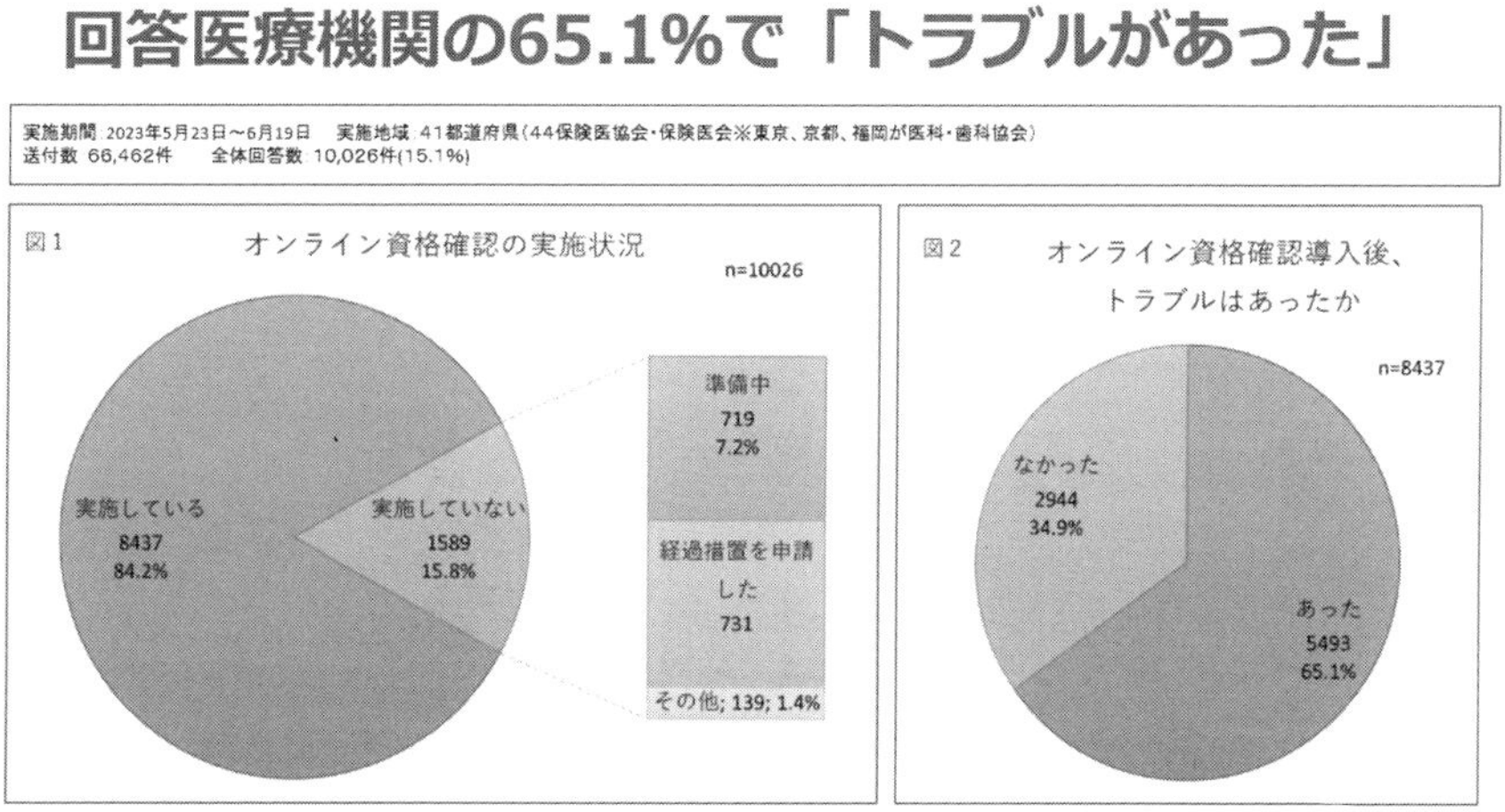

いただいて、カードリーダーに読み込まれて無効、該当なしと出てしまう。こういうことはあってはならないということです。

厚労省は事業所保険不明の被保険者情報の抹消や更新遅れの期間を短くすると省令改正もしましたけれども、しかし最短でも10日間のタイムラグは残ります。そしてまた、転職、退職、結婚、出産などの人生のライフサイクルにともない、加入する保険者や加入形態が続き変わることに発生するトラブルでもございます。

マイナ保険証の読み取りができなかった

顔認証不具合、カードリーダーを使えないという部分が多発しております。顔認証付きカードリーダーまたはパソコンの不具合によりマイナ保険証の読み取りができなかった。これが48・4％、マイナ保険証の不具合、チップ等の破損で20％。顔認証付きカードリーダーでうまく認証できない、顔認証付きカードリーダーが起動しない。そういうトラブルが多く、システムベンダーでも原因が特定できずに対処できないケースが増加しております。

ですから、本来的にはそういうことは十分制度開始前にあらゆる想定の下での制度設計対策を取るべきところですけれども、それすらもせず、その稚拙さ、瑕疵を国民や医療現場に押し付けているのが現状であると思います。ですからまったく見切り発車で、自らトラブルを生み出した政府与党の責任は重大です。

全国保険医団体連合会は、２０２２年11月の調査で、運用開始医療機関が24％の段階でも有効な保険証が「無効」となるトラブルが全体の６割を占めたという数字も明らかにし、政府に改善を求めてきたにも関わらず、一顧だにされず、今の重大な事態を迎え、政府与党の責任は重大であると考えています。

また、新たな負担割合の間違い、フリガナ、住所の間違いなど、現行の健康保険証では起こり得ないエラーが生じており、外来の混雑や窓口対応の増加など、利便性や医療の質向上などとは真逆の状況が起きており、トラブルの多発で「診療妨害」と言わざるを得ない状況であります。

トラブル時にすぐに対応できなかったが39・１％

そういうところでそのトラブルにどう対応できたかということを問うと、トラブル時にすぐに対応できなかったが39・１％です。対応できたところについて調べてみますと、「その日に持ち合わせていただいた健康保険証で資格確認をやり直した」が75％ですから、コールセンターとか保険者に直接問い合わせたというのもありますが、保険証を持ってきていただいてた

トラブル時にすぐに対応できなかったが39.9%

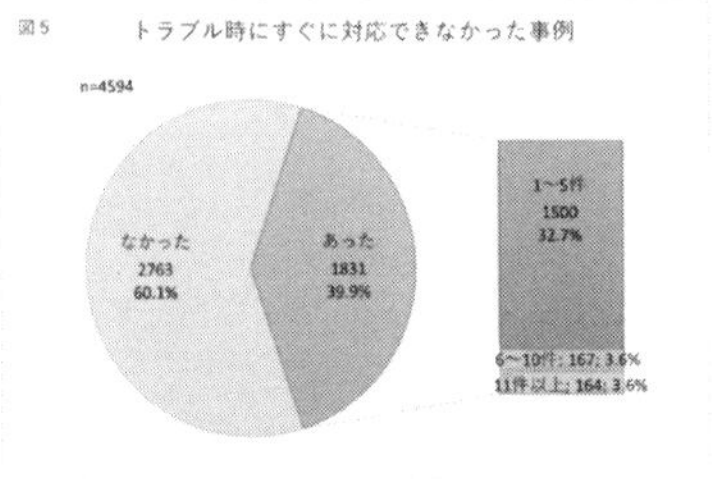

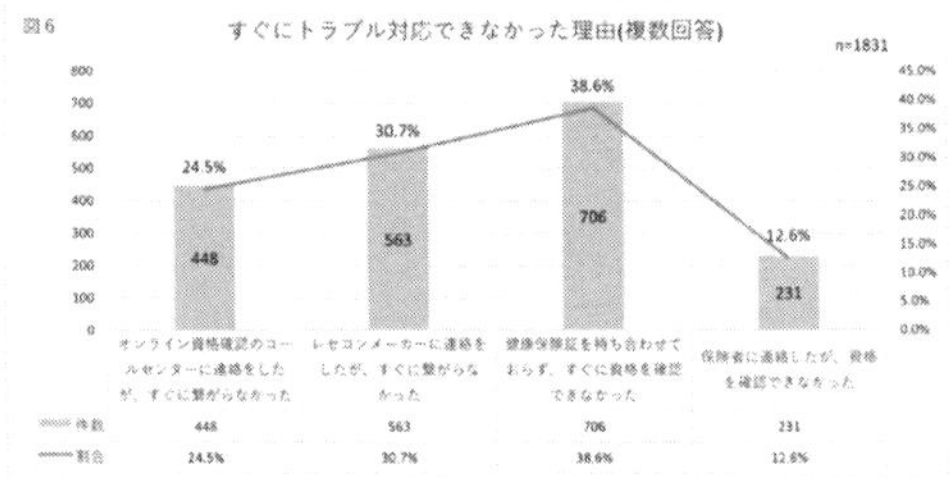

トラブル時にすぐに対応できなかったが1831件（39.9%）となった。その理由として「健康保険証を持参せず資格確認できなかった706件（38.6%）」、「コールセンターにつながらない448件（24.5%）」、「レセコンメーカーにすぐにつながらない563件（30.7%）」「保険者に連絡したが資格を確認できなかった231件（12.6%）」とすぐにトラブル対処ができないケースも多い）。災害・停電時などシステム障害時にマイナ保険証では被保険者情報が券面で確認できないため、保険診療そのものが行えなくなる。
券面に被保険者情報が表記されている現行の健康保険証が存続されないと、こうしたトラブルへの対処が途端に困難となる。

最大のトラブル対処法は？
健康保険証を確認してトラブルへ対処　74.9%（4117件）

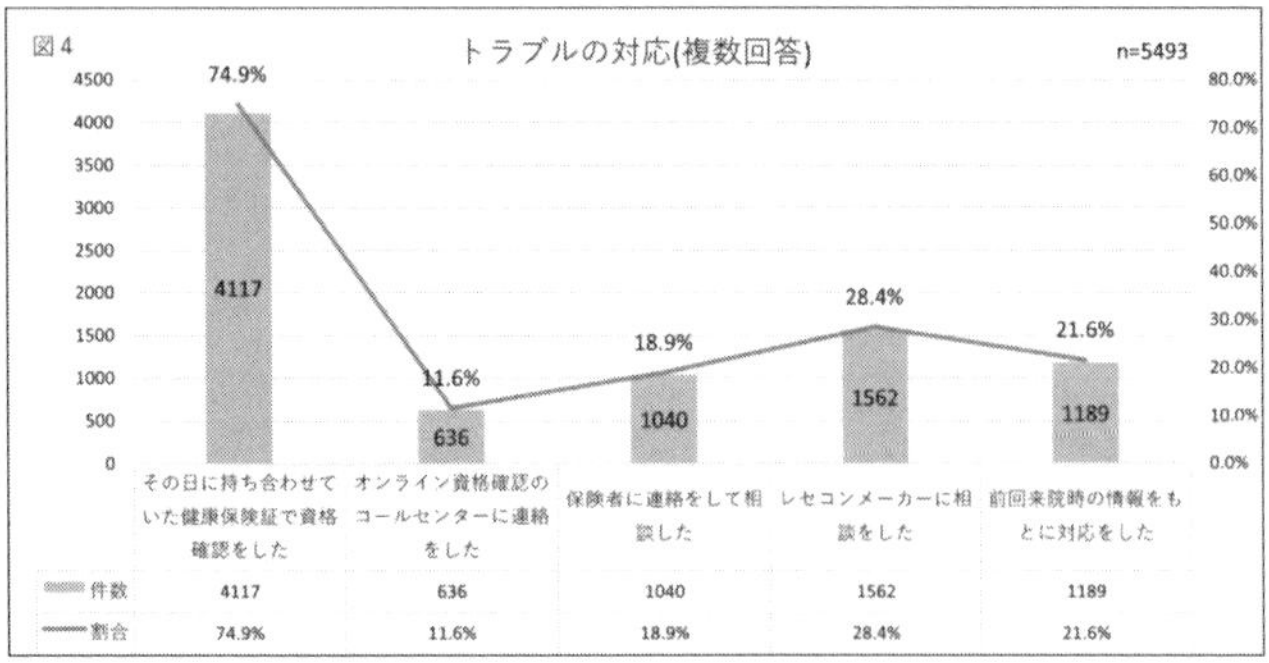

トラブルへの対処として患者が持参した「その日に持ち合わせていた健康保険証で資格確認した（74.9%）」、「オンライン資格確認のコールセンターに連絡した（11.6%）」「保険者に連絡した（18.9%）」「レセコンメーカーに相談した（28.4%）」などである。 10

からこそトラブルに対処できたというのが実態です。

そして、マイナ保険証のみ持参で資格無効と表示されていた患者さんに窓口で一旦10割負担を徴収した事例が38都道府県で１２９１件であります。これは1件だけでもあってはならないことです。

患者に被保険者資格の申立書を書いてもらい被保険者番号は不詳でもレセプト請求ができるとしましたけれども、これだけの皆さんに10割負担をお願いせざるを得なかったということです。70歳以上の高齢者では、所得に応じて窓口負担の割合も異なりますので、情報の的確な収集が困難になるということは、窓口の対応について不適格になるということです。このマイナ保険証スキームを使おうとすれば、これまで正常に運用していた国民皆保険制度の根幹を揺るがす恐れがあります。最初に言いましたように、被保険者であるにもかかわらず被保険者資格の申し出をしたり、そしてまたタイムラグによって10割負担を請求せざるを得ないという事態が起きています。

厚労省自身も、そういうところはどうしてもマイナ保険証スキームだけでは解決できないということを十分に分かっているわけです。ですから、「念のため健康保険証を持参していただきたい」と言わざるを得ない。もう語るに落ちたということではないでしょうか。

介護高齢者施設調査

利用者入所者のマイナンバーカード申請に対応できない93・5％

そして次に介護高齢者施設調査もやらせていただきました。これは今年（２０２３年）の３月から４月にかけてやらせていただいて、施設に直接お尋ねしました。「利用者、入所者の健康保険証を施設で管理していますか」ということで、管理しているが83・6％。「利用者入所者のマイナンバーカード申請に対応できますか」と問い合わせますと、対応できない93・5％。そして対応できないと答えた施設に対してその理由をお尋ねしますと、本人の意思確認ができない、手間や労力がかかり対応できないが83・0％、79・8％、そういう回答でございます。そして利用者入所者のマイナンバーカード管理について、管理できないが94・0％。管理できないと答えていただいた理由についてお尋ねしますと、カード暗証番号の管理責任が重い93・1％、カード暗証番号の管理が重い83・8％、不正利用情報漏洩への懸念が73・5％、すなわち本来的に入所者のプライバシーそして財産に関わるもの自体を施設で管理すること自体あり得ないと考えておられています。

「健康保険証廃止による施設への影響を教えていただきたい」という問いに対して、マイナ

介護・高齢者施設影響調査
９割がマイナ保険証申請・管理できない

※「健康保険証廃止に伴う高齢者施設、介護事業所、障害者施設等の影響調査」（保団連）
・回答数＝1,219施設（42都道府県）（内訳：特養705、老健244、グループホーム42、養護ホーム18、NA=190）、回答率：13.6%
・調査期間：2023年3/24～4/10、調査対象：高齢者施設、介護施設、障害者施設等、送付方式：8,980（FAX：5278、郵送：3702）

利用者・入所者の健康保険証を施設で管理していますか　⇒　健康保険証であれば管理が可能
管理している　83.6%　　管理していない　16.4%　　（ただし、金庫保管、管理者特定など）

利用者・入所者のマイナカード申請（代理）について　⇒　個人情報が紐づくマイナカード申請は困難
対応できる　6.5%　　対応できない　93.5%
（②保険証廃止で「どちらでもない」回答者のうち、「対応できない」90.0%）

申請に「対応できない」と答えた理由（複数回答）　⇒　人権に留意、人手不足で困難、公の仕事
本人の意思確認ができない　83.0%
手間・労力がかかり対応できない　79.8%
本来業務ではない　65.4%
行政職員が対応すべき　38.2%

利用者・入所者のマイナカード管理（暗証番号含む）について
管理できる　6.0%　　管理できない　94.0%
（②保険証廃止で「どちらでもない」回答者のうち、「管理できない」90.5%）

「管理できない」と答えた理由は（複数回答）　⇒　カード管理に係る責任が重すぎる
カード・暗証番号の紛失時の責任が重い　91.1%
カード・暗証番号の管理が困難　83.8%
不正利用、情報漏洩への懸念　73.5%
家族の同意が得られない　41.0%

健康保険証廃止による施設への影響・危惧を教えてください（複数回答可）
⇒　業務多忙に拍車、管理責任、トラブルを危惧
マイナカードの取得・利用が困難な利用者への対応増加（代理申請等）　90.0%
マイナカード紛失・更新切れ・破損、再発行などへの対応が困難となる　81.8%
保険証と一体化したマイナカード（暗証番号含む）の管理が困難となる　80.7%
マイナカード紛失・盗難など家族等とのトラブルの増加　76.2%
施設内でのカードの紛失・再発行の手間や労力の増加　75.4%
情報漏洩やセキュリティ対策が不安　71.1%
医療機関に受診の際の付き添いサービスを提供できなくなる　28.8%

13

ンバーカードの取得、利用が困難な利用者への対応増加（代理申請等）は90・０％、マイナンバーカードの紛失、更新切れ、破損、再発行などへの対応は困難は81・８％、保険証と一体化したマイナンバーカードの管理（暗証番号も）が困難も80・７％、ということなんですが、これは本来的な施設の業務範囲外の問題ですよね。そして、「健康保険証による利用者、家族への影響を教えてください」という問いに対して、マイナンバーカードの取得、利用が困難な本人に家族の負担が増加する88・０％、マイナンバーカード紛失、申請漏れ、破損、盗難などへの対応が困難83・８％、本人が手続きに必要なＩＴ機器が使えない理解できないが79・７％、そういう回答をいただいております。本当に施設にとっては厳しい状況になっております。

政府の総点検を検証する

次に政府の総点検を検証したいと思います。この時点で他人情報付け１１０９件は氷山の一角、全容解明までなされないまま今日に至っていることについて申し上げておきます。10月６日の総点検本部報告で、前回よりも１０３件増加。累計で８５４４件になった。保険者実施点検による誤登録は１１０９件、総点検対象外での誤登録が63件発覚した。このように情報の流出の削除、回収はほぼ不可能です。

重大医療事故にもこういう事故は直結しかねません。点検対象は、調査報告した団体、全被保険者ではありません。全被保険者の点検チェックは必要だと考えております。

次に、窓口負担割合の調査で、39都道府県３７４区市町村９７８医療機関で負担割合の誤表示が確認されました。

窓口負担割合の過不足徴収による患者と医療機関とのトラブル、事務手間も生じております。全国的に多くの医療機関で窓口負担割合のそういうトラブルが生じております。厚労省が９月29日に明らかにした調査では、少なくとも５６９５件の誤登録が確認されております。

別姓婚子女による負担割合相違の可能性は約半数に指摘されております。こういう問題は本当に起こってはならないわけです。医療保険制度の根幹にかか

窓口負担割合5695件の誤登録
保団連調査受け国調査

・保団連調査で３９都道府県３７４区市町村９７８医療機関で負担割合の誤表示が確認された。

・窓口負担の過不足徴収による患者と医療機関のトラブル・事務手間も生じている。全国的に多くの医療機関で窓口負担割合の相違のトラブルが生じている。

・厚労省が９月２９日に明らかにした調査では少なくとも５６９５件の誤登録が確認された。レセコン仕様による負担割合相違の可能性は１０２社中４７社と約半数に

・医療保険制度の根幹に関わる重大な問題

・厚労省調査で判明した件数は医療機関から相違の報告があり保険者で誤登録が判明した事例で氷山の一角。全被保険者を総点検すべき

わる重大な問題でございます。

厚労調査で判明した件数は医療機関から相違の報告があり、保険者で誤登録が判明した事例でございました。ですから全保険者に対しての新たな調査も行われております。

政府も総点検を11月までには行うと言っています。その結果がこの間発表されたのですがこの数を全点検中に使うのは違うのではと、私の保団連としても考えております。

資格確認書

申請しなくても資格確認書をもらえるのか、そういう問題があり、資格確認書についてはもう既にご承知かと思いますのでお待ちください。

政府は８月４日の記者会見で、プッシュ型の職権交付で資格確認書を交付すると言われていますが、健康保険証廃止による医療機関の混乱を防ぐための措置、あくまで法改正の枠内の対応、保険者の職権交付による対応、これが法律的にそういう枠内に含められていますから、あくまでも保険機関の混乱を防ぐための措置に終わらざるを得ない限界を感じております。

そしてその結果、初めに申し上げましたように被保険者であるにもかかわらずタイムラグ、申請遅れ、そしてシステム障害で資格確認できない、資格はありません、というカードリーダーの表示が出ざるを得ない。これは現在では、確実に起こりうる事象です。

それについて、マイナ保険証だけでそれをクリアできる、そういう政府の対策は今もって提示されません。おそらく提示できません。ですからそれに代わる様々な、保険証もどきの処理が必要となっているわけです。資格確認書、これはマイナ保険証を取らない方々に対してのステップです。マイナ保険証は登録済みなんですけど、マイナ保険証で起こる問題に対しての対応ステップとして「資格情報のお知らせ」を発行せざるを得ない。マイナ保険証だけでは全く国民の医療へのアクセス保障にはなり得ていない。そういうことを言明せざるを得ないということです。

総点検本部の内容について

それでは、12月12日に岸田首相が24年度に保険証廃止を強行すると表明した結果について、総点検本部の内容について紹介します。

まず1つ目は、総点検によるリスク解消をマイナンバーそのものの紐付けミスに限定している点です。現在、医療の現場でも様々なトラブルが起きていますが、紐付けミスだけの問題ではない。これは今回私ども、10月以降に改めて調査した結果、確かに他人の情報が紐づけられている事象については回答率1％でありますけれども、その他に当該のカードリーダーに照会しても該当の被保険者番号がない、資格情報が出てこない、名前や住所が黒丸で表示されない。

そういうことが25％、50％、68％というトラブルが出てきている。

２つ目に、点検した件数を総数として紐づけミスが生じた件数は確率的にはごくわずかであると主張している。１３１３保険者、１５７１万件中０・００７％と政府は宣伝している。諸外国からもこういう数字については評価いただいている、という。しかし私ども保団連調査では１％の方にそういうミスが出ている。このこと自体この０・００７％で評価していること自体は、患者さんのプライバシー、命、健康に関わる問題でございます。一件たりとも、誤紐付けなどあってはならないことで、これをパーセンテージで導入すること自体許されるものではないと。

そして３つ目に従って、現在医療現場で現実に生じている様々なマイナ保険証によるトラブルには今回何ら対策にもなっていない。

そして４つ目で負担割合の齟齬でございます。政府の総点検の結果では４月から８月時点で５６９５件あったと、そしてその後９月29日から11月10日の調査でも１万５８７９件、計２万１５７４件、これは加入者の０・０１８％と宣伝していますけれども、私ども保団連調査では10月１日から12月１日の全回答数の18・５％に確認した事象が出ております。

そして５点目、登録済みのデータ１億６千万件の全件チェック問題ですけれども、氏名など不一致は12月12日時点でも約１３９万件が残っております。これらについては来年春をめどに総点検を続行する。ですから、この非常に重要な時期に決して総点検が終了ということには断じてならないと私は考えております。そういう問題点を改めて強調したいと思います。

最後に何よりも問題なのはこの総点検結果発表は臨時国会閉会前日です。国会審議もさせない首相の独断の保険証廃止決定であるということです。国民主権、またしても十分国民には有無を言わせない強行である。ということを改めて強調したいと思います。

以上、ありがとうございました。

【司会】

住江会長、ありがとうございました。

では、次に「マイナ保険証が地方自治体にもたらす問題」について、保坂展人世田谷区長様からご講演を頂戴いたします。保坂区長様には、あらかじめ撮影した動画にてご講演いただきます。よろしくお願いいたします。

〔講演3〕
「マイナ保険証」が地方自治体にもたらす問題

保坂　展人（世田谷区長）

世田谷区長の保坂展人です。皆さん、こんにちは。

今日は自治体の現場でマイナ保険証について起きていること、直面していることをお話ししていきたいと思います。

世田谷区も他の自治体と同じようにマイナンバーカードの申請発行の事務、特に紙保険証廃止が打ち出されてから大変な申請数に、窓口を拡充したりしながらやってきたわけです。ところが、この間、医療機関の使用例の中で、別人を認証してしまったとか、あるいはマイナ保険証の情報の中のレセプトが表示される時間差があって、紙保険証、従来の保険証の方が正確にそこのところを切り分けているので両方持ってきてください。というふうにされています。本来ならこれだけ大きな改変をするのに、もともとマイナンバーカード自体は任意で、健康保険証という、生きていくために健康のために必須のカードを廃止するということ自体が暴挙だと思います。そして2万円というポイントも差し上げますよ。ということで申請数と発行数、交付数は上昇したわけですが、これだけ広げるまでミスが続けば普通は一旦止めてその原因を徹底的に究明して、しっかりとミスのない、多くの人々の使用に耐えるようにグレードアップするというのが普通だと思うんですが、なぜかそういうことは行われないということ。そして私どものところには、介護施設から当初今年の5月あたりから、懸念の声が届いていました。このマイナンバーカードのマイナ保険証というのを、これまでの健康保険証や介護保険証同様、高齢者施設が預かることは無理ですよと。なぜならそれは本当にいろんな情報と紐づいているでしょう。職員の負荷、施設の負担、これが大きす

保坂　展人

ぎます。

場合によっては入居者のカード狙いで、職員となって、場合によっては派遣会社から入って悪用するみたいな事件が完璧に防げるとは限らない。こういう問題が提起されました。という声を受けて、暗証番号なし、今、顔認証マイナ保険証と言っていますが、そういうカードも作ります。何か指摘があるとその都度、答えはあるのですが、肝心の現行の健康保険証廃止という方針だけは一向に変わらない、ということが続いています。

問題を整理させていただいています。これから、資料を使ってお話しを続けていきたいと思います。マイナ保険証が地方自治体にもたらす問題についてということで始めていきたいと思います。

マイナ保険証の一体化による国民健康保険業務での市町村の影響

まず1枚目の資料です。マイナ保険証の一体化による国民健康保険業務での市町村の影響、自治体の影響ということです。これは実際の場合、国民健康保険については、保険者としてこれまで保険証の発行なり様々な事務を行ってきました。ですから、国民健康保険の情報自体には、マイナ保険証を取っているかどうかという情報は必ずしも反映されていませんので、今後この振り分けということについては、新たなシステム改修など相当の労力を要する。今、総点検を国の方でやるという話に6、7月になりましたけれども、総点検といっても大変な労力がかかります。言ってみれば、マイナ保険証と国民健康保険のデータをガッチャンコして、より分けるような仕組みですが、こういうものを作って持っている人に対してはそれでOK、持っていない人に対しては資格確認書を送る。そういう事務をやるのはすごく大変だという問題があります。これについては、そういう声を上げたのです。

2026年の導入を目指して第2次個人番号カードが計画されている

2番目です。私たちが驚くのは、2026年の導入を目指して第2次個人番号カードが計画されているということです。この第2次個人カードの導入は2023年8月8日のマイナンバー制度及びマイナンバーカードに関する政策パッケージで提示されて以降、実は具体的な説明は実際にされていません。このカードの検討については、「次期個人番号カードタスクフォース」というところで、11月に2回目の検討会が開催されて、中間取りまとめ案が示されましたが、内容は技術的な検討が中心です。この次世代のマイナンバーカードについて、市区町村は一体何をすればいいのかというところが明確でありません。今のところ分かっているのは、次期カードの電子証明書の有効期限が5年ではなくて10年になるということです。18歳未満は5年、そして現在の大量に取得した皆さんのカード。現行のカード5年なので、新カードつまり第2次カードの直前に現在のカードを取得した方は5年間有効です。最大5年近く2種類のカードを運用していくということになれば、窓口の混乱が予想されます。現在の電子証明書の更新については国の方の言葉ですが、次期カードの発行までに更新の時期を迎える。電子証明書の5年更新の市区町村の窓口負担の軽減更新についてさらに検討を進めている。どういう内容の検討を進めるのかは全く分かっていない。

特にマイナンバーカードについて、医療機関などでマイナンバーカードを読み込む端末を付けたときに、通常、第二次カードにおいて現状のカードより情報のボリュームなどをすごく大きくするとか、機能を多様に深くしていくということをやればやるほど、現状の読み取りカードリーダーで使えるのかという問題もある。使えないので現状と次世代を二台並べておくようなことだと、またこれを医療機関に対してその負担は大きくなると思いますが、その辺りはまだ分かっていません。

任意取得のマイナンバーカードと保険証の一体化による課題（資格確認書等の発行）

３番目です。これも国が迷走したところですが、任意のマイナンバーカードと保険証を一体化する、何としても現状の保険証を廃止するということによって、無保険者が大量に生まれるのではないかという指摘に対して、「いやいや、資格確認書を送りますよ」、ということを国で出しております。これ当初は申請に来る方式で説明がされていました。つまり、世田谷区役所に資格確認書申込窓口を作って、そこに15万人を超える人たちが大変な列を作って、われわれ区役所の職員はご本人を確認しながら資格確認書を出す。大変すぎますよという声に対して、マイナ保険証を持たない全員に送付するんだということで、自治体の窓口ではなくて、送るということが現状でございます。

こういうふうに資格確認書の出し方を一つとってみてもぐらぐら変わっています。オンライン資格確認に非対応な医療機関、例えばハリ、灸、マッサージ等もこれから作ることになります。マイナ保険証と資格情報のお知らせという紙が必要です。マイナ保険証だけではなくてお知らせの紙も持っていくということで、新たな発行する作業など事務量の増大が想定されます。

マイナ保険証登録が完了しているかどうかは、市区町村では現在のところ把握できない状態になっています。資格確認書や資格情報のお知らせは大変認知度が低くて、制度自体保険証廃止というニュースは流れていますし、マイナ保険証も知られていますけれども、現状、医療現場では５％くらいだと、従来の保険証で皆さん受診をされているのです。来年秋に紙の保険証が廃止されたあとにマイナ保険証をもたない皆さんが紙の資格確認書なのかカードなのか、それさえ分かっていない。保険制度の外側に追い出されないということは分かっていますが、混乱が見られます。

また、資格確認書や資格情報のお知らせを区として発行していく、あるいは新たにいろいろ条件が変わったり、国民健康保険から就職して保険を変える方もいらっしゃいますので様々なシステム改修が必要で、職員の体制を組むのも大変だということになります。

保険証が廃止された場合の資格確認に関する課題

４番目です。これも続きになりますが、保険証が廃止された場合の資格確認についてですが、健康保険情報の紐付けが誤っていたということが続々と全国で出てきました。本来、資格確認に対する医療機関等の受診者の不安感が払拭されていないということがあります。

また、顔認証は正確ではなく、他人でも顔認証をしてしまったり、別人の情報が出てきてしまったことも言われています。顔認証でパーフェクトに自分の情報に本当にたどり着く水準になっているかどうかは、医療現場で苦労されているところだと思いますが、そこまで精密な正確性はまだないと聞いています。国の言うには顔認証ができない人は、目視で本人確認して下さいとのことです。

この紐付けが間違っている、顔認証が通じないと言われても自治体の窓口はどうにもできない。これを訂正したり組み替えたりするのは全部国の機関となっています。

マイナ保険証の利用が難しい、高齢・障害・施設入所の方などへの対応

次に5番目です。先ほど冒頭に言いました通り、高齢者施設などでマイナンバーカードを預かるというのは大変な負荷がかかりますよ、という意見に対して、保険証の顔認証、暗証番号のいらないカードを創設しますと、これが厚生労働省のお答えでした。顔認証マイナンバーカードについては令和5年の10月31日に総務省から通知が出たのですが、その中身ははっきりしない。実施時期も11月27日と来てきたのですが、12月上旬になりました。実はこのお話をしているのは、12月12日ですが、12月12日の事務連絡、総務省自治事業部住民制度マイナンバー支援室から、顔認証マイナンバーカードの導入開始日のお知らせとして、導入開始日は12月15日です。つまり3日、わずか2日でこのことを周知してくれということで、内容は、顔認証をコンビニでやることができますよ、と書いてあります。

顔認証のマイナンバーカードですが、できるサービスは健康保険証として利用できます。そして本人証明として利用できます。ただ、マイナポータルはじめ、各証明書のコンビニ交付は不可能となります。と書いてあります。

これを見て、さらにシンプルな質問ですが、なぜ従来の保険証でダメなんだと、あるいは資格確認書で足りるじゃないかと言うことなんですね。

さらに問題があります。もう一度パワーポイントに戻っていただくと、３日で何ができるのかという問題があります。本当に何と言うか、出たとこ勝負というか、うまくいかなければまた変わるということで、自治体に対して３日で知らせろみたいな話を、これから徹夜して一生懸命ホームページを構築して皆さんに知らせるか、こうやってできないとまた変わるかもしれない。やっぱりこれだけのバタつきに対して、自治体の意見を全く聞いていない。私なんか記者会見の度にずっと言っている方ですけど連絡の一本もない。

自治体の意見を聞かないことが特性。これは医療機関の側から見てもそうかもしれない。現場でこの事務に当たる一つの大変な労力で住民の苦情を受けたり、問い合わせに対応したりするのは自治体や医療機関ですから、こういう風にするといいのかということの意見を聞くということを一つとしてやっていないということが今回の混乱の根本にあります。

もう一つ、顔認証のカードを自治体が出ばって行って、例えば高齢者施設に行って認証などでカードを普通に暗証番号を覚えるのが無理な方に対して、写真を撮ってカードを作成してくださいと書いてあるんですね。高齢者施設にはワクチンを出張で打ちに行きましたけれども、これも3ヶ月ほどかかりました。どれだけの労力がかかるのかということですね。ましてや、マイナンバーカード自体、入所者の方なら手元になくても家族が持っているかもしれない。そうしたことにも対処する、膨大な労力が必要です。そのことまでかけてやる価値ってあるんでしょうか。だって、資格確認書もあれば、そもそも、健康保険証を廃止するということ自体が高齢者施設などについて考慮しなかったということがこれだけの困難を生んでいるのではないかと思っています。

また実際のマイナ保険証については、高齢者施設に入るときに暗証番号を覚える力がある方もいらっしゃいます。ただ、だんだんと認知症などの傾向が出てきたら分からなくなるということです。そのカードをやはり預かるということですね。施設で管理して持っているということが大きな負担になると思います。犯罪の抑止、防止、あるいは詐欺などの危険性があることについて、家族から疑われるということが施設としては一番嫌ですね。そこは考え直してほしいと思います。

マイナンバーカード出張申請を行う地方自治体の課題

６番目に入ります。先ほど話してしまいましたけれども、出張申請の実態の問題です。２０２３年8月に福祉施設支援団体向けのマイナンバカード取得管理マニュアルができましたが、世田谷区人口92万人なのでとてもこの施設全体を回ることができない。そして12月８日に出されました「自治体での事務処理について」という総務省の文書によると、出張して出かけていった場合に本人から健康保険証利用の申込みに関する同意書、これは大変だったですよね。認知症の方が、この自治体の職員が暫定的な暗証番号を設定し、マイナポータルへの入力、保険証利用の申込みを代行することになります。この顔認証マイナ保険証自体は、マイナポータルには実際に入れない機能が付いていますが、施設はまだ高齢者の方が特定にいらっしゃるからいいんですけれども、一人暮らしで認知証を患っている方とか、一人暮らしの高齢者の方が大変多いんですね。例えば訪問介護を受けている方については技術上これだけ多くの人たちに自治体の職員か、ないし委託した事業者がカメラやパソコンを持って、同意書の書類を持ってカードを作りに行って、顔認証のカードを作って置いておくという作業にやはり現実性がない。それだけの膨大な事務量をかけながら一体何をしようとしているかが正直理解ができません。

これは従来の保険証が使えるということだけで必要がなくなります。

また、先ほどから言っているように、資格確認書をカード化してそれでよしです。もし、本人証明できないというのなら、そこに写真を入れればいい、ということになります。

マイナ保険証一体化後に保険者を変更した場合の保険受診について

最後です7番目。マイナ保険証一体化後に保険者を変更した場合の受診についてです。マイナ保険証に一体化した後、マイナンバーカードで保険証を利用する登録をすれば再登録はいらない。しかし保険者が変わる場合、保険者変更の事務手続きには一定の時間を要するということで、瞬時に変わらないという問題があります。ですから、保険そのものが国保から健保に行く、その逆もありますけれども、そういう場合、非常に難しくなるということになります。

医療機関等の窓口でマイナ保険証が読み取れない場合、保険者資格申込書に記入して提出すれば、医療費の負担は通常通り3割の負担でいいとされていますが、これは患者側、医療機関側にもリスクと負担がある。

また先ほど顔認証のカードの場合は、機械が認証しないときにどうするかというと、医療機関側がその人の顔をじーっと見て本人だということを確認するという恐ろしく原始的なものになっています。

ですから、政府がいったんこれは正しいんだというふうに発表した道をどこまでも行くというのが賢いやり方なのかどうかということをはっきり一度立ち止まって振り返ることと、今回強引なやり方、いわゆる飴と鞭ですよね。飴はポイント２万円もらえるんだ。２万円もらえるからマイナ保険証にしたという方が大半です。

そして鞭の方は保険証廃止だということで、それは大変だと、そういうやり方で信頼が生まれる訳ないんです。こういう個人番号制度というのは、国の制度と、市民や国民が、あるいは医療機関を受診する患者さんが信頼関係を持っていないと成立しないということが、他の国の例でも分かっています。信頼が生まれないのは、意見を聞かないからです。医療機関も自治体も、そして一人一人の被保険者、多くの病院通いをしている皆さんとか、ちゃんと声を聞いて、制度をしっかりと信頼にあたるものに、国民皆保険制度を壊さないようにするべきだ、というのが私たちの考えです。

ありがとうございました。

【司会】

それでは続きましてディスカッションに入りますが、進行は小島弁護士、お願いいたします。

ディスカッション

４分の１の人が持っていないマイナンバーカードに保険証を統合してしまって、全員が使っているはずの保険証を廃止するという形が本当に望ましいことなのか

住江 憲勇（全国保険医団体連合会会長）
江沢 岸生（長野県飯山市長）
小島 延夫（弁護士）

進行・小島 延夫

江沢 岸生

住江 憲勇

登壇者プロフィール

【小島】 今日はお忙しいところ、皆さんありがとうございます。

本日はマイナ保険証の問題が極めて深刻な状況となっている中でこのシンポジウムを開催しました。最初にこのディスカッションに参加いただくお二人の方に自己紹介をお願いしたいと思います。最初に先ほど報告もいただきましたが、全国保険医団体連合会会長の住江さんお願いいいたします。

【住江】 全国保険医団体連合会の会長の住江憲勇です。まず、全国保険医団体連合会とは全国に保険医協会、保険医会というのがございます。保険医会と名乗っているのは新潟と北海道であとは保険医協会となっています。ここでやっている活動内容は、まずは会員の経営を守り、会員の権利と生活を守る、そして併せて地域住民の医療、社会保険制度の改善、充実に向けた様々な活動をしております。そういう意味で地域の第一線の保険医療の場で働く団体で、全国で10万7０００名の会員を擁する医師、歯科医師の団体です。そして私個人としては、地域第一線で開業医として23年間おりまして、その後20年間全国保険医団体連合会の常駐役員、会長として役割を務めております。

【小島】 ありがとうございました。それでは続いて長野県飯山市長の江沢さんお願いします。

【江沢】 長野県飯山市長の江沢岸生と申します。長野県飯山市は長野県の一番北にあり、人口は11月1日現在で1万8372人、高齢化率40・0％、そして特別豪雪地帯に指定されております。農業と観光が中心で市内には288床の飯山日赤病院と11の診療所があります。私が市長に就任したのは昨年の10月28日になります。よろしくお願いします。

【小島】 ありがとうございます。最後になりましたが、私は弁護士の小島延夫と申します。弁護士になって38年になります。まちづくりの課題にずっとかかわり、最近は地方自治についても研究しております。早稲田大学のロースクールで、15年間教員をして、行政法、環境法について教えてきました。

マイナ保険証にはどのような法的な問題があるのか

【小島】 最初にマイナ保険証についてどのような法的な問題があるのか、ということについてお話ししたいと思います。本日は荻原さん、住江会長、保坂区長からそれぞれ問題提起をいただきました。

住江会長から、マイナ保険証の顔認証においてトラブルが非常に多発していると、資格情報が正しく反映されておらない結果、マイナ保険証の利用で無効が多発して、無効、回答なしというような問題が起きている。３０００件以上報告されているという驚くべき状況がありました。それへの対応が、保険証を確認することだと言うことです。ある意味、非常に驚くべき結果であります。厚生労働省も保険証を持参してほしいと要請している状況です。この状況の中で、保険証を廃止するということは、非常に大きな混乱をより起こすことになるのではないかということであります。

住江会長の報告の中でも保坂区長の報告の中でも、介護高齢者施設において大変大きな問題が発生している。マイナ保険証の基本的な管理はできない。マイナ保険証にはいろんな個人情報が紐付いているので、介護高齢者施設で管理することは困難である。荻原さんの報告の中にもありましたが、高齢者施設は手一杯であり、そのような業務をやるような能力も負担もできないという状態が話されました。

そうした中で政府は保険証を廃止すると言っているわけであります。その点についてどうしたらいいのかということについて、まず法的な問題点について見ていきたいと思います。法的な問題点としては、４つほどあるのではないかと考えております。

第一の問題点は、国が市町村と市区町村と協議せず、市区町村の業務である国民健康保険業務の変更を迫っていくという問題であります。国民健康保険業務は市区町村が行っている業務です。そういう業務に対して業務内容の変更を迫る以上は、十分に市区町村と協議しなければいけない。２０００年の地方分権一括改革で、地方自治体と国が対等平等の立場なので、国が地方自治体にこうしろと命令してはならないとなっています。

そういう点では地方自治の侵害ではないかと。これがまず第一の大きな問題です。

第二の問題点としては、国民皆保険制度ですから、基本的には保険証は全員が持っていなければいけないのですが、その制度の中で保険証を廃止してマイナンバーカードの保険証を一体化するということは、マイナンバーカードを取得することを事実上強制することになりやしないかという心配があります。マイナンバーカードについては、任意取得であるというところが大原則と考えられております。その大原則に反することになりやしないかという問題です。

第三の問題点は、マイナンバーカードはマイナンバーという所謂個人情報という機密情報が裏面に記載されているわけです。これは誰にも見せてはいけませんというふうにそこにも書いてあるわけです。それを外部に示して保険証として使う、あるいは身分証明書として使うと

小島　延夫

いう機能を統合するというのは、それ自体が大きな矛盾であります。人に見せるためのカードの裏面に、人に見せてはいけない情報が書いてある。これは持ち歩いていいものなのか、持ち歩いてはいけないものかという問題が発生するわけです。基本的には、それを持ち歩く。持ち歩くと当然、落としたりなくしたり、場合によっては人に盗られたりして悪用されるリスクがあるわけであります。それを一緒にカードに統合するという事自体が大きな問題点がある、というのが第3点です。

第四の問題点は、今回今年の4月から、保険医療機関に対してはオンライン資格確認を患者さんが希望される場合はそれに応じなければいけないという義務、それからその体制の整備、応じられるような体制の整備をしろ、ということを義務付けているのですが、それは健康保険法を改正するということではなくて、療養担当規則という厚生労働省令、厚生労働省の作っている行政立法で義務を強制しています。当然のことながら、日本国憲法では、国民の権利義務を定める法律は、法律つまり国会が議決したものでなければならないとなっています。それは憲法41条で、唯一の立法機関は国会であると書いてありますが、それに反して厚生労働省令で保険医療機関に義務を付けること自体も非常に大きな法律上の問題点を持っている。

こういう4つの問題点がここにおいて発生しているように感じています。

漢字の外字問題

具体的に見ますと、本人確認情報や紐付けの誤りが非常に多く発生しているわけです。なぜこれが起きているかというのは漢字の外字問題があります。今は通常コンピューターで使える漢字は大体1万字ぐらいの漢字でございます。ところが現在戸籍や住民票等あるいは地名等で使われている漢字は5万5千字から6万字と言われています。そうすると同じ名前の同じ人であっても戸籍に使われている名前と保険証に使われている名前、あるいはマイナンバーカードに登録されている名前、漢字が一致しないという問題が多々起こるわけです。

ある保険者ではこういう漢字で登録されている。それが保険者が変わったら別の名前になっちゃう。そういう場合にちゃんと登録替えができるのか、同じ人物として登録替えができるのか、これは大変難しい問題です。これはどこかで解決しなければいけない問題です。今、住民基本台帳の問題等も含めて解決しなければいけないということで、地方自治体の情報システムの標準化・共同化という問題も一方で進んでいますけれども、これらのところで解決しなければいけない問題ですがその問題が解決しない前に来年の秋には保険証を廃止してしまう。

そういうことになると自治体として対処できるかどうかがわからないうちにいきなり廃止する。

こういう問題に取り組む以上は、自治体として対処できるように協議できる機会を持つことが必要だと思うのですが、それが十分されていないというところが大きな問題として存在しています。

高齢者介護施設の出張申請

さらに、高齢者介護施設の問題については、出張申請、先ほど来保坂区長の発言の中でもありましたが、出張申請などの制度が出てきました。高齢者や介護施設に入っている方々があるいは自宅で療養介護をしていて、訪問介護を受けている方々が区役所、市役所、町役場、村役場等に行ってマイナンバーカードの申請ができないということで、そういうところに区の職員あるいは民間団体、さらにはその施設の職員の方にマイナンバーカードを作ることを委託してやってくれとする訳ですけれども、区や市役所の要するに行政の職員だとしても、出張して、そこで貴重な個人情報を預かって職員の方が写真まで撮ってマイナンバーカードを作るのですね。そういうことをやること自体が大変な負担になる訳です。まして言わんや、介護施設の職員の方は基本的には日常的には介護を仕事としている方ですよね。そういうカードなどの申請をやるような業務を担当する人材というのは、置いておけるような状態ではないわけです。そういう方々にマイナンバーカードの発行とかを担当させるわけにはいかない。そうなってくると、どういう形をとったとしても、自治体に過剰な負担が生まれてくる。そういうことであれば自治体と十分な協議が必要なのに、先ほど言いましたように、自治体と全く協議しないでこの制度を進めようとしている。その結果として多大な問題が発生している、というところがございます。

本当に制度の進め方として大変大きな問題が存在するのではないかと思っております。

国民皆保険と任意のマイナンバーカード

それから、国民皆保険という全員が保険に入っているのと任意のマイナンバーの問題がありますので、必ずマイナンバーカードに一体化しない統合しない人が出てくる訳でございます。そうすると、統合しない人のための処理も必要になってきます。これは作るのは行政の負担になります。

利用者の方も大変混乱します。今出ている話としては、従来はマイナンバーカードに統合しない人は新たに役所の方に行って資格確認書をもらわなければいけないと言っていたのを、マイナンバーカードに統合しない人は全員に資格確認書を出すという風になりました。

これがある人が国民健康保険に入っているかどうかというのは、役所で簡単に確認できます。ところが役所の方では、その人がマイナンバーカードに国民健康保険を一体化しているかどうか、というところまで分かりません。そうすると行政の方としては資格確認書をプッシュ型で個人の申請だけ出すといっても、行政がマイナンバーカードに統合しているのか、していないのかということを一つずつ何らかのルートを取って確認した上でやっていかなければならない。今の形であれば国民健康保険に入っている人全員に保険証を送っていますから、行政の手続きとしてはそこまで過剰な負担はないわけですが、ここでそういう形になってくると、大変な負担が発生する問題につながっていくわけです。

マイナンバーという秘密情報が記載されたカード

３番目の問題点との関係では、マイナンバーという秘密情報が記載されたカードを保険証として使うということになりますと、先ほど来、住江会長の方からも保坂区長の方からも話がありましたように、介護者施設などそういうところで高度な個人情報が入ったカードを管理することはできない訳です。

実は私たち弁護士の業務の関係でいうと、成年後見業務も大変な負担になっています。どういうことかというと、従来は保険証であれば保険証は介護施設や、実際に訪問介護であれば訪問介護を与える方などが分かるような形で現場に保険証を置いておくというような形にすることによって、もし介護の対象者の方が、あるいは高齢者の方が医療機関にかかるときは、現場の判断で保険証を持っていって医療機関にかかることができた訳です。保険証はそういう形で置いていても、そこまで個人情報としては深刻な問題は起きない。成年後見の場合、成年後見人は毎回毎回の医療機関にかかるところは現場の判断に委ねています。ところが、マイナンバーカードそのものは非常に高度な個人情報があるので、成年後見人が管理しているという形になっている。これが一つに統合されて保険証がなくなるということになると、もしその成年後見人の高齢者や介護を受けている方が病気になって医療機関にかかる、もしくは怪我をして医療機関にかかる。そういう時に医療機関にかかるために成年後見人がその都度現場にマイナ保険証を持っていかないと、医療機関にかかれないことになってしまう。このような、非常に現実的とは思えないような問題が起こる。

こういう風に秘密情報が記載されたものと保険証を統合するということをしてしまうことによって大変深刻な問題が起きるということだと思います。

医療機関はオンライン資格確認・体制整備が義務に

最後に医療機関は、オンライン資格情報や体制整備が法律の解釈でなく省令だけで義務付けられてしまった訳ですけれども、その結果として医療機関は非常に高い負担が生まれてしまっていて、その結果として地域医療に大変高い負担が生まれている。この点については全国保険医団体連合会の方で今年の４月の段階での廃業状況とかがご存知ということなので、住江会長の方から今年４月の廃業状況がどんな状態だったのか、４月がなぜかというと、この４月からオンライン資格確認とか体制整備を義務付けられる。要するに３月まではよかったものが、４月から義務付けられる。その４月が例年と比べて廃業者数が多かったのか少なかったのか、その辺りを教えていただければ、と思うんですが。

【住江】　全国の地方厚生局に提出された保険医療機関の廃止数を見ると、今年４月は約１１００件に上っています。これは例年の発表数から倍近い数字になりました。厳密に今回の４月からのオンライン資格確認による廃業の多さということではないとは思います。けれども現実的にそういう実数が発表されました。

やっぱり今年の４月に原則としてオンライン資格確認の体制制度に迫られた。その時点でいろいろ私ども、厚労省と交渉して経過措置も活用した中で、24年９月までの廃業予定なら現状のままでいいという経過措置に該当して届けられた先生方が全国１０００位ありますので、やはり、今後またさらに廃業される方が増えるというのは確実です。

【小島】　飯山市長、北信地域も地域医療について皆さんが頑張っていらっしゃるとは思うんですけれども、マイナンバーカードで診療を受け付けるような体制を作らなきゃいけないというのは、長野県の北信地域、とくに飯山市の地域医療にどのような影響を及ぼす可能性があるかということについて如何でしょうか。

【江沢】　冒頭申し上げました飯山赤十字病院という総合病院があるんですけれども、医師不足で大変困難な面を抱えて、そういう中で地域の診療所ですけれども、これは今のところ、実際に機器を備えている、マイナンバーカードを読み込む機器を備えている診療所でも、マイナンバーカードで来る人はほとんど見かけることがない状況なんですね。しかしこれから先、皆さん保険証でいらっしゃる訳なので、その保険証が廃止されるという、その段階になると、おそらく大きな混乱になるということだと思っています。その辺が都市部と少し違う事情かもしれません。

患者さんの数が少なく、それで高齢者が多いので、マイナンバーカードを仮に取得したとしても、ほとんどお使いになることはない。そんな状況です。

【小島】　各村とかに一つとか、そういう形の診療所しかないという場所も結構あるんですよね。

【江沢】　そうですね。近くでは栄村という村がございますけれども、栄村さんは確か診療所が一つであったかと思います。隣の木島平村は２つ、野沢温泉村も隣にあるんですが、ここも確か2つだったかなと思います。

【小島】　そういう意味ではその地域にわずかしか残っていない診療所などがやめてしまうことになると大変な影響が出てきますね。

【江沢】　はい。それは本当に大変です。冒頭申し上げたように、特別豪雪地帯という事情もありますので、冬の間に保つ医療というのが一つの目指すべき標準になるものですから大変です。

【小島】　本当に福島から新潟にかけては日本でも有数の豪雪地帯で、2メーター、3メーターという豪雪になりますよね。そういう中で、医療機関が貴重な役割を果たされていると思うんです。

【江沢】　おっしゃる通りです。

【小島】　それに深刻な影響が及びかねないという心配がある。

【江沢】　はいその通りです。

保険証と一体化することの必要性が感じられない

【小島】　江沢さん、飯山市のあたりでマイナンバーカードを実際に取っていくということで、色々お話を職員の方々もされていると思うんですけれども、そういう中で出てきている問題としてはどのような問題が起こるのか。

【江沢】　マイナンバーカードの業務を担当している職員からは、任意であるということに加えて、そもそも住民の方はマイナンバーカードって何かってことがわからない。それから利便性やどういうふうに使うのか理解されていない。そういう周知が国の方でほとんど行われていないというふうに感じておりまして、そういう中で強力に普及推進をしようとするので、非常に大変な状況になって苦慮してきた、ということがございます。

それから、マイナポイントを付与したことで取得率は一時的には上昇しましたけれどもそのことが、保険証利用など具体的な保険証の代わりにマイナンバーカードを利用するということにはなってきていないということですね。

そういう意味で言いますと、本来の目的であります「デジタル社会へのパスポート」という言い方がされているわけでございますけれども、社会生活の中でマイナンバーカードがないと何が不便なのか。そういうことについて政

江沢 岸生

府の方ではあらゆる角度からの改善や開発をしていただかないと、現場ではとても困難で、先ほど伺って第二次のカードがまたという話を伺いますと、とても事務的にも耐えられないですね。

もうちょっと具体的に言いますと、導入のいきさつが一体どういうことか、メリットデメリットについて職員がなかなか住民の方にうまく説明ができない訳なんですよ。そういう中で任意なはずなのに、あたかも必ず入らなきゃいけないような雰囲気になってくると、これが説明しにくいことになっている訳ですね。

それからスマホやパソコンを使うことが前提になっているので、飯山市は高齢化率40％です。65歳以上40％の中で、スマホやパソコンを持っていない、使えない方々への配慮というのは、一体どういうふうにしていくのかということ。

保険証と一体化することでそもそも必要性が感じられない訳ですよ。必要性が感じられない中で、さらに操作が複雑だとなれば一体これを誰が使うのかということになっていく訳ですね。高齢の方が多い市町村は、そういう意味で同じような悩みを抱えてらっしゃるんじゃないかな、というふうに思います。

それから非常に業務負担が大きいのは、職員が自分たちの行っているものの仕事の内容がなるほどこれは本当にやらなきゃいけないんだというような使命感を持って取り組むという状況にはない訳ですよね。そういう中で、職員同士も「これどうやって説明したらいいんだろう」というのは、早い話が厚労省や中央官庁に相談してもわかりやすい説明というのはほとんどない訳です。通知が先ほどもありましたように、急に来るというようなこともあるものですから、職員同士の情報共有とかミーティングなどでかなりの時間が割かれてきた、という状況です。

それと都市部と私どものような地方の違いは、電子システム、例えば電子マネーといったものについても普及率が全然違うので、まだまだ私も含めて現金派が多いんですね。そういう方々にマイナポイントが取れるからということで入りますけれども、それだけで終わってしまうので、それで入った方も、要は今のままで、何がいけないのか分からないということです。

保険証は提示すれば従来もやってくれてるし、今もやってくれてる。これからもやってくれる。ある時までやってくれる。ところがマイナカードは自分で操作しなきゃいけなくて、暗証番号などの入力は非常に煩わしくてとてもできない方が多いということで、都市部と私の方では電子化に対する基礎的なリテラシーの違いもかなりある、ということもご理解をいただきたいなと思います。

【小島】　現場のとても具体的なお話しを伺いました。

政府のメリット論への反論

【小島】　それではここで住江会長に、いわゆるマイナンバーカード、マイナ保険証に統合することによるメリット論というものがあると思うんですが、これが本当にメリット論と言えるのかどうか、お話しいただければと思います。

【住江】　その前に先ほどの廃業が続いている問題ですが、実は昨年10月時点で私ども会員アンケートをしまして、今年の4月から原則オンラインの資格確認にされるという事態に備えていろんな整備の中でそこまで進められていない。財政的な負担に耐えられない。そしてまたそういうIT関係に強い職員を雇うことが出来ない。そういうことで、実際には廃業せざるを得ないと考えている先生方が昨年10月時点で会員の1割の先生方が、そういう答えを出していただいています。

そしてまた、現実的に本当に日本全国で中山間地が多々ある中で、その地域は本当に医療機関がかろうじて残っているだけで限界集落になることなく維持できている。そういうところも多くあると思うんですけど、そういうところが、医療機関の廃業で一気に限界集落になってしまう。そうした国の施策自体が、私は大きな問題だと思っております。

それではメリット論を一定反論していきたいと思います。

まず政府のメリット論で、マイナ保険証で患者の待ち時間が減る、医療機関の負担が軽減されるということはおっしゃるんですけど、病院なので待ち時間が長くなる理由は、受付業務の時間ではなく低医療費政策、低診療報酬制度によって、医師やスタッフ数が充足されていない、そういうことによる問題なんです。この問題をほったらかしにしたメリット論は成り立ちません。

マイナ保険証が便利と思える瞬間は、あくまでも初診患者の健康保険証の転記が不要になる時だけだと思っています。再診患者は医療機関で登録済みですので、そういうメリットはありません。

そしてまたマイナ保険証によるトラブルの増加で医療機関外来は「診療妨害」とも言える状況になるだけと冒頭に報告しましたように、今マイナ保険証を提示されることでどんなトラブルが出るか戦々恐々だというのが実態です。

有効なのに無効資格、資格外、資格関係なしと表示され、

住江　憲勇

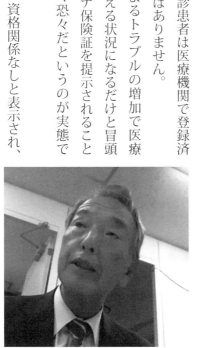

住所、氏名に間違いがある、内外部のトラブルで保険組合に連絡確認作業や患者クレーム対応に追われており、かえって待ち時間や残業が増加しているのが現実です。

また2番目に政府は、医療措置や処方した薬剤情報などもわかり、活用できると宣伝されています。これもオンライン資格確認のシステムで閲覧、ダウンロードできる情報は単なる保険請求が確定した情報、レセプト情報だけです。保険請求の情報は保険者による審査が必要なため、最長で一月半のタイムラグが発生します。これらの保険請求情報は内容が不十分で実診療では使えない上に、オンタイムで患者さんの目の前で見ることはできません。

そして、また、タイムラグを解消する触れ込みの電子処方箋の閲覧サービスは医師等の事務負担が多く、対象は院外処方箋のみにとどまります。しかも、この電子処方箋の運用は半年で導入はわずか2％しか進んでいません。そういう実態でございます。

次に3番目に、保険請求の際の被保険者資格の間違い、保険請求の点で先延しが減ると宣伝されていますが、そもそも資格喪失後の受診等による返戻はレセプト全体の0・27％にすぎません。しかも、資格喪失後の受診について医療機関が電子レセプトで請求している場合は返戻せずに保険者間で処理しておきます。返戻は診療所では一期に数枚程度で行っています。

9割を超える医療機関が電子請求、電子媒体で保険請求を行っており、これらの社会保険診療報酬支払基金が令和3年4月からサービス化したレセプト振り替え調整をしていますので、返戻は実際には実現している現実でございます。これらのサービス利用と保険証の形態とは何の関係もございません。つまり、紙保険証を廃止してマイナ保険証に一本化しないと、レセプト返戻が減らない。資格過誤の対応で社会的コストがかかるとの説明は全くのすり替えでございます。

他人の保険証を使う成りすましの横行を防ぐということですが、全ての国民が被保険者、後期高齢者医療保険に加入し、保険料徴収されている現在ですので、そういうところを、実際自分がほとんど国民が払っているわけですから、あえて他人の保険証を使用する、そういう動機すら出ないところではないかと思います。

保険証の目視による資格確認に関わって、成りすまし受診など報告はされておりますが、例えば、不正事案として取り沙汰された在留外国人の国保不正利用に関して、在留上の資格を偽装して国保管理していた違法事例は基本的に確認されておりません。在留する外国人が被保険者に占める人口割合と比べて医療費が多いとも報告されておりません。医療機関では本人確認が追加で必要と判断した場合は写真付き身分証の掲示を求めるなど、そういうことで対応は現実的にやっております。

【小島】　ありがとうございました。本当に今メリット論、特に最後のところの議論というのはマイナ保険証が問題ではないかということです。他方、いろんな報道とか、あるいはＳＮＳ

という投稿があると何でかわからないんですけれども、不正受診が多数あるので、それは放置していていいのかというようなことが、誰とも知れない人からコメントでついたりすることがあるんですね。誰かマイナ保険証を使わないとすごい不正が起きてデメリットが起こるんじゃないかということを言おうとしている人がいると思うんですが、今のお話にあるように、あまりきちんとしたデータ的な根拠がないということであったり、他のメリット論と言われているところも、あまりメリットにはつながっていないというところなんだろうと思います。

4分の1の人が持っていないマイナンバーカードに保険証を統合してしまって、全員が使ってるはずの保険証を廃止するという形が本当に望ましいことなのか

【小島】　今日は大変いろんな論点についてお話がありましたけれども、あと、今日残っている一つの議論としては、出張申請を国の方では進めようとしていて、飯山市では出張申請をまだ受けていないというお話だったと思うんですけれども、これはもともとは高齢者や介護施設などで自分から役所に出ていってマイナンバーカードを作れない人がいる、そういう人のために役所の方から出向いていくというような制度をつくる必要があるという議論に基づいて出ているんですけれども、その辺について飯山市の方ではどういうふうにお考えなのかちょっと

お聞きください。

【江沢】　飯山市では、今小島先生がおっしゃるような出張をして申請をいただくというようなことはなかったんですけれども、政府の方からマイナンバーカードの取得率を高くしないと地方交付税算定に跳ね返るような情報が流されたりしたことがありました。ですけれども、なんとかそういう中で申請してもらう件数を増やそうということで、受け出そうということで、例えばコロナのワクチン注射の会場に行って、そこで申請をされる方はどうぞというようなこととか、税務相談の時に合わせてカードを作りませんかというようなことをやったということで、多少の件数はそれで増えたということなのですけれども、基本的なことは住民の皆さんが申請をすることがどういう意味があるか、自分にとってどういう大切なことなのか、それがわからないことが一番いけないということなんです。介護施設の方は、そもそも介護施設の方でそういう対応を求めないんですよ。そういうことを入居者にしてもらっても、あとそれは住江先生のご報告の中にあった通りだと思います。

【小島】　ありがとうございます。結局、いくら進めようとしてもなかなか進まないという話ですね。

長野県の市の中では飯山市はそんなに高くない方だと言っていますが、一番高いところと比較してもそんなに大きな差がある訳ではないんですよね。

【江沢】　今は長野県内に19の市があるんですけれども19の市のうち飯山市の交付率は73％でございます。低い方から数えて2番目です。ただ一番高いところで75％ぐらいで、一番低いところでも72％ぐらいなので、そんなに幅があるわけではないです。そういう中でのブービーというか、そういう状況です。

【小島】　ある意味どこの自治体でも残る25％ぐらいになると非常に進まない状態があるということですね。必然的に4分の1の人が持っていないマイナンバーカードに保険証を統合してしまって、全員が使ってるはずの保険証を廃止するという形が本当に望ましいことなのかどうかという問題になってますね。

【江沢】　問題というより、そもそも望ましくないと思いますから、本当に今日もお話を伺ってて、私も感じてた以上にこれから先の予測をすると、あるところからすごい混乱になるんじゃないかっていう気がします。それが都市部はもっと早く、そういう混乱を目の当たりに見てるところがあるのではないかと思いますが、こちらの方は、そういう意味で電子化自体が遅れてる点が、ここから先の予測をそんなに心配してなかったということだと思います。

非常にこれから先が心配になるという印象を強く受けました。

【小島】　結局、今マイナ保険証を使ってる人の率が全国で4・6％とかそれぐらいの状態で多分飯山市はさらに低いという状態で、すでに混乱が起き始めてるわけですよね。これが来年の秋になったら、原則としてはマイナンバーカードだけで保険証機能を使うことになるので、一応理屈から言えば、マイナ保険証を使う人は多分半分とか6割に達するわけですから、10倍の人が使うことになりましたら、それ想像しただけで恐ろしいですよね。

診療の受付窓口がどういう混乱状態になるのかっていうことを考えると、大変恐ろしい状態が起きるようになる。そういう印象を強く受けました。

先ほど住江会長から説明いただいたように、メリットの一つは待ち時間が減るという話ですけれども、明らかに受付の混乱は増えますよね。減るどころか増えるのに江沢市長が言われるように、混乱を引き起こすようなカードを取得するということを住民に説明するのは難しいですよね。

【江沢】　正直、難しいわけですね。説明する意欲を職員はなかなか持てないですよね。しかし、やるだけはやるということだけでも大変なんですよ。そこに混乱が入ってきて、またさっきの第二次マイナ保険証なんていう話を聞くとどうなるのかなっていう印象を持ちました。

【小島】　2026年から第二次カードになって、今は第一次カードに対応するための対応を医療機関でも進めていて、先ほど住江会長がおっしゃったように対応延期を来年までできるという形をとって、やっとそういう対応が24年になって始まったら、2年後には新しい第二次カードが出て、また新しいものを入れなきゃいけない、ということになると大変なことが起きるような心配がありますよね。

なぜ我々は議論しなければならないのかという感じがしてきました。こんなことを議論しなくてもいい話ではないかと誰が考えてもわかる話ではないか、という気がしましたが、今日は具体的にこういう問題点を具体的な状況を踏まえながら進めていって、世間の人々と共有することがすごく重要だなという感じもしました。

もうそろそろ最後になりますが、飯山市長の江沢さんから何か一言あれば、お願いいたします。

政府にお願いしたい。猪突猛進は百害あって一利なし、一旦停止を

【江沢】 政府の方にぜひお願いしたいのは、猪突猛進は百害あって一利なしと、勇気を持って立ち止まって撤回というところまで私は申し上げませんけれども、立ち止まってよく言っているＰＤＣＡサイクルのＣをちゃんとやってもらいたい。そうでないと地方の行政体制も非常に壊れてまいりますし、医療機関も非常に困難な状況になって、住民がこの地域で生き続けることを妨げることになりかねない。あらためて政府には、猪突猛進は百害あって一利なし、一

旦停止ということを強くお願いしたいです。

【小島】　ありがとうございました。では全国保険医団体連合会の住江会長、最後に一言お願いします。

【住江】　冒頭にも言いましたように、本当にこの制度をこれだけ国民から不安と批判、困難なステップを上げながら進めていくこと自体、どれだけ今、さらなる混乱を拡大していくのか目に見えておりますので、江沢市長もおっしゃるように、本当に一旦立ち止まって、停止して制度の構築を改めて見つめなおす。そういうところです。

当初から私どもはこれだけ問題点がある限り一旦運用停止して全件チェックし、今後の対策、制度設計をやり直すべきということを言ってきたのですが、政府は着手しようと考えており、今後はさらに困難なことを拡大しながらやっていくわけです。

12月12日に総点検対策本部で国が結果を出して、来年（２０２４年）秋には保険証廃止を打ち出している訳ですから、ここはさらに世論を大きくして、そのためにあらゆる可能性のあることに着手し署名を拡大し、そしてまた各自治体の意見書採択など働きかけ、取り組んでいかなければならないと思います。その中で、本日の講演の中でも、飯山市長の言葉からも、特に現場の自治体職員の困難さを感じたところで、改めてそういうところからの声を拡大し、取り組んでいきたいと思います。以上です。

【小島】　全国保険医団体連合会の住江会長、飯山市の江沢市長、今日は長い時間大変ありがとうございました。大変実りある具体的な状況に基づいた議論ができたと思います。ぜひ政府にはこれを聞いていただいて、一度立ち止まってきちんと考えてほしいというところに向かっていただければと思います。現在マイナンバーと保険証を統合した人は相当数いるにもかかわらず、実際には使われているのが４・６％、というのが、国民がどう見ているかということを示しているだろうと思います。

こういう中で、なぜ、敢て保険証の廃止を２０２４年秋に強行するということになるのか、そこのところをいろんな機会を通じて、働きかけをしていきたいということを、私たちもやっていきたいと思っております。本日は長い時間、どうもありがとうございました。

【司会】　本日はシンポジウムにご参加いただきまして、誠にありがとうございました。以上にて本日のシンポジウムを終了いたします。

マイナ保険証使われてない

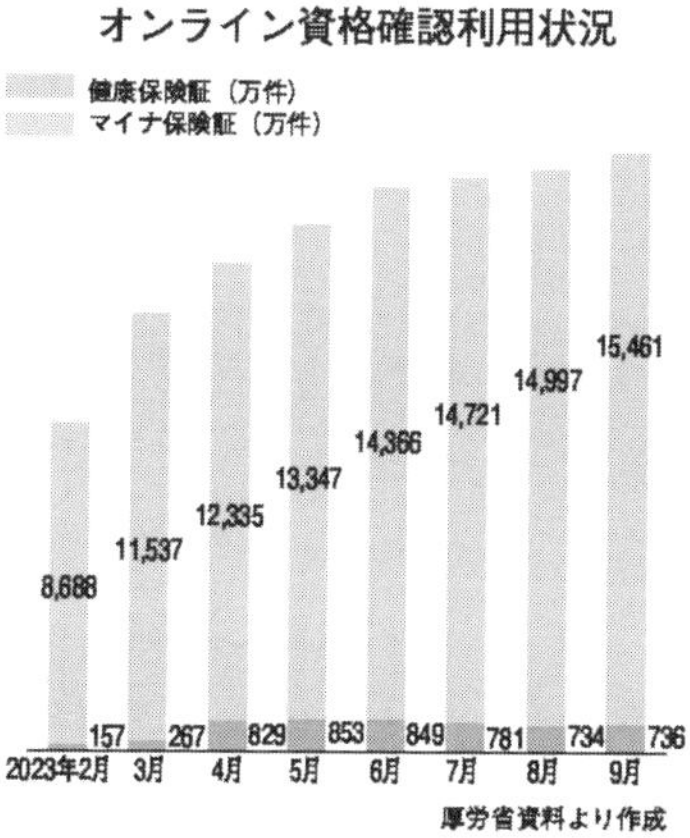

厚労省は10月27日の医療保険部会で9月のマイナ保険証利用件数は約736万件となり前月（734万件）とほぼ横ばい。
オンライン資格確認全体で1億6197万件であることからマイナ保険証利用率はわずか4.54%に過ぎません。オンライン資格確認の件数そのものが増加したため、8月のマイナ保険証利用率（4.66%）よりさらに低下しました。

33

9割が「保険証残す必要がある」

問 10　政府は 2024 年秋に健康保険証を廃止する方針ですが、保険医協会・保険医会は現行の健康保険証の存続を求めています。健康保険証を残す必要があると考えますか。

n=7070	機関数	割合 (%)
必要	6205	87.8
必要ではない	366	5.2
（無回答）	499	7.1

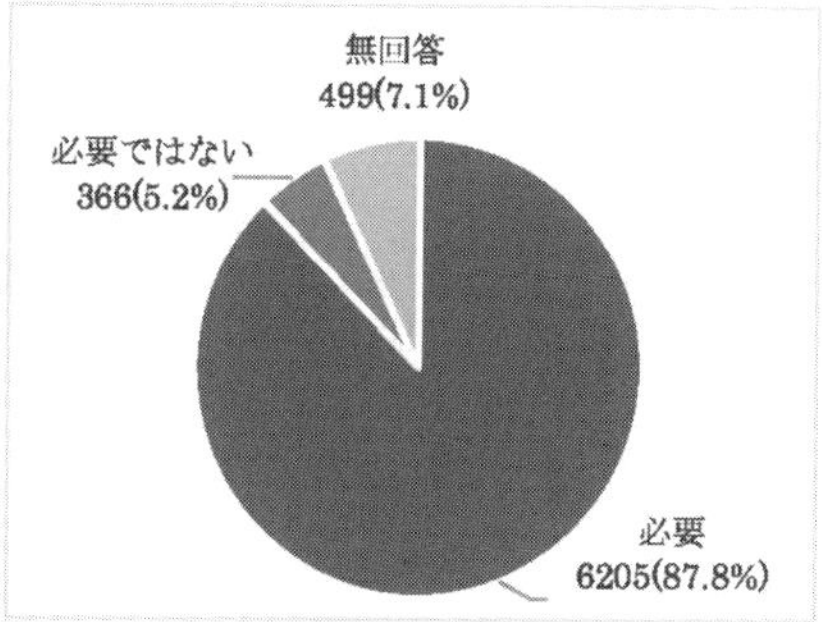

34

地方自治ジャーナルブックレット N0.73

シンポジウム・マイナンバーカードと保険証の一体化について

地方自治と地域医療の視点から考える

2024 年 2 月 27 日　第 1 版第 1 刷発行

企　画　　東京自治研究センター
　　　　　長野県地方自治研究センター
協　力　　明治大学自治体政策経営研究所
発行人　　武内英晴
発行所　　公人の友社
　　　　　〒 112-0002　東京都文京区小石川 5-26-8
　　　　　TEL 03-3811-5701　FAX 03-3811-5795
　　　　　e-mail: info@koujinnotomo.com
　　　　　http://koujinnotomo.com/
印刷所　　倉敷印刷株式会社

ISBN978-4-87555-910-8

出版図書目録

●ご注文はお近くの書店へ
小社の本は、書店で取り寄せることができます。
●直接注文の場合は
電話・FAX・メールでお申し込み下さい。
（送料は実費、価格は本体価格）

［単行本］

フィンランドを世界一に導いた100の社会改革
編著 イルカ・タイパレ
訳 山田眞知子 2,800円

公共経営学入門
編著 ボーベル・ラフラー
訳 みえガバナンス研究会
監修 稲澤克祐、紀平美智子 2,500円

変えよう地方議会
～3・11後の自治に向けて
編著 河北新報社編集局 2,000円

自治体職員研修の法構造
田中孝男 2,800円

自治基本条例は活きているか?!
～ニセコ町まちづくり基本条例の10年
編 木佐茂男・片山健也・名塚昭 2,000円

国立景観訴訟～自治が裁かれる
編著 五十嵐敬喜・上原公子 2,800円

成熟と洗練～日本再構築ノート
松下圭一 2,500円

地方自治制度「再編論議」の深層
監修 木佐茂男 青山彰久・国分高史
1,500円

自治体国際政策論
自治体国際事務の理論と実践
楠本利夫 1,400円

自治体職員の「専門性」概念
可視化による能力開発への展開
林奈生子 3,500円

原発再稼働と自治体の選択
原発立地交付金の解剖
高寄昇三 2,200円

「地方創生」で地方消滅は阻止できるか
地方再生策と補助金改革
高寄昇三 2,400円

総合計画の新潮流
自治体経営を支えるトータル・システムの構築
監修・著 玉村雅敏
編集 日本生産性本部 2,400円

総合計画の理論と実務
行財政縮小時代の自治体戦略
編著 神原勝・大矢野修 3,400円

自治体の人事評価がよくわかる本
これからの人材マネジメントと人事評価
小堀喜康 1,400円

だれが地域を救えるのか
作られた「地方消滅」 島田恵司
1,700円

分権危惧論の検証
教育・都市計画・福祉を題材にして
編著 嶋田暁文・木佐茂男・著 青木栄一・野口和雄・沼尾波子 2,000円

地方自治の基礎概念
住民・住所・自治体をどうとらえるか?
編著 嶋田暁文・阿部昌樹・木佐茂男
著 太田匡彦・金井利之・飯島淳子
2,600円

松下圭一＊私の仕事—著述目録
松下圭一 1,500円

地域創世への挑戦
住み続ける地域づくりの処方箋
監修・著 長瀬光市
著 縮小都市研究会
2,600円

自治体広報はプロションの時代からコミュニケーションの時代へ
マーケティングの視点が自治体の行政広報を変える
鈴木勇紀
3,500円

「大大阪」時代を築いた男
評伝・関一（第7代目大阪市長）
大山 勝男
2,600円

自治体議会の政策サイクル
議会改革を住民福祉の向上につなげるために
編著 江藤俊昭・著 石堂一志・中道俊之・横山淳・西科純
2,300円

挽歌の宛先 祈りと震災
編著 河北新報社編集局
1,600円

新訂 自治体法務入門
編 田中孝男・木佐茂男
2,700円

福島インサイドストーリー
役場職員が見た避難と震災復興
編著　今井照・自治体政策研究会
2,400円

原発被災地の復興シナリオ・プランニング
編著　金井利之・今井照　2,200円

介護保険制度の強さと脆さ
2018年改正と問題点
編著　鏡諭　企画東京自治研究センター
2,600円

神戸・近代都市の形成
高寄昇三　5,000円

「縮小社会」再構築
安心して幸せにくらせる地域社会づくりのために
長瀬光市【監修・著】/縮小都市研究会【著】
2,500円

合併しなかった自治体の実際
非合併小規模自治体の現在と未来
木佐茂男【監修】/原田晃樹/杉岡秀紀【編著】
1,900円

住民監査請求制度がよくわかる本
平成29年改正
田中孝男　1,800円

池袋・母子餓死日記
覚え書き（全文）（新装版）
公人の友社【編】
1,800円

世界遺産・ユネスコ精神
平泉・鎌倉・四国遍路
五十嵐敬喜・佐藤弘弥【編著】
3,200円

ひとりでできる、職場でできる、自治体の業務改善
時間の創出と有効活用
矢代隆嗣　2,200円

ひとり戸籍の幼児問題とマイノリティの人権に関する研究
稲垣陽子　3,700円

離島は寶島
沖縄の離島の耕作放棄地研究
齋藤正己　3,800円

「地方自治の責任部局」の研究
その存続メカニズムと軌跡
谷本有美子　3,500円

自治体間における広域連携の研究
大阪湾フェニックス事業の成立継続要因
樋口浩一　3,000円

議員のなり手不足問題の深刻化を乗り越えて
地域と地域民主主義の危機脱却手法
江藤俊昭　2,000円

人口減少時代の論点90
井上正良・長瀬光市・増田勝　2,000円

フランスの公務員制度と官製不安定雇用
図書館職を中心に
薬師院はるみ　2,000円

総合計画を活用した行財政運営と財政規律
鈴木洋昌　3,000円

議会が変われば自治体が変わる
【神原勝・議会改革論集】
神原勝　3,500円

近代日本都市経営史・上巻
高寄昇三　5,000円

図解・こちらバーチャル区役所の空き家対策相談室です
空き家対策を実際に担当した現役行政職員の研究レポート
松岡政樹　2,500円

図解・空き家対策事例集
「大量相続時代」の到来に備えて
松岡政樹　2,000円

縮小時代の地域空間マネジメント
ベッドタウン再生の処方箋
監修・著　長瀬光市
著・縮小都市研究会　2,400円

バックパッカー体験の社会学
日本人の若者・学生を事例に
著　萬代伸也
解説　多田治・須藤廣　2,200円

NPOと行政の協働事業マネジメント
共同から〝協働〟により地域問題を解決する
矢代隆嗣　2,200円

住民論
統治の対象としての住民から自治の主体としての住民へ
渡部朋宏　3,200円

自治体経営の生産性改革
総合計画によるトータルシステム構築と価値共創の仕組みづくり
玉村雅敏【編著】　2,000円

災害連携のための自治体・応援職員ハンドブック
東日本大震災のデータと事例から
西出順郎【編著】　2,000円

ドラッカー×社会学
コロナ後の知識社会へ
伊坂康志・多田治　1,300円

市民がつくる政治倫理条例
斎藤文男　2,500円

実務者のための〝アウトカム重視〟の政策立案と評価
地方創生に活かす政策形成の基本
矢代隆嗣　2,700円

東京・区長準公選運動
区長公選制復活への道程
神原勝　5,500円

韓国・行政基本法条文別解説
韓国・法制処（田中孝男・訳）
5,000円

ここれからの政策と経営
危機の時代を希望の未来へ
山本清
2,800円

第一次大戦と青野原ドイツ軍俘虜 収容所の日々の音楽活動
岩井正浩
3,800円

北欧福祉国家と国庫補助金
国庫補助金改革とフィンランド福祉国家の変容
横山純一
3,000円

自治体職員の「自治体政策研究」史
松下圭一と多摩の研究会
小関一史
3,000円

協働を活かす〝アウトカム重視〟のチーム対話
全員で創り上げる多様な意見がかみ合い、深まる対話の進め目方
矢代隆嗣
3,000円

旅と理論の社会学講義
多田治
2,200円

「維新」政治と民主主義
分断による統治から信頼でつなぐ自治へ
山口勝己
1,800円

自治体経営の政策転換（実践事例集）
長瀬光市
2,700円

自治体政策法務論の現在地
次世代政策法務論への架橋を目指して
田中孝男
3,600円

観光の公共創造性を求めて
ポストマスツーリズムの地域観光政策を再考する
上山肇・須藤廣・増淵敏之【編著】
2,700円

実践・自治体まちづくり学
まちづくり人材の育成を目指して
【編著】上山肇・【著】河上俊郎・伴宣久
2,700円

［北海道自治研ブックレット］

No.1
市民・自治体・政治
再論・人間型としての市民
松下圭一
1,200円

No.3
福島町の議会改革
議会基本条例＝開かれた議会づくりの集大成
溝部幸基・石堂一志・中尾修・神原勝
1,200円

No.4
議会改革はどこまですすんだか
改革8年の検証と展望
神原勝・中尾修・江藤俊昭・廣瀬克哉
1,200円

No.5
ここまで到達した芽室町議会改革
芽室町議会改革の全貌と特色
広瀬重雄・西科純・蘆田千秋・神原勝
1,200円

No.6
国会の立法権と地方自治
憲法・地方自治法・自治基本条例
西尾勝
1,200円

［自治総研ブックレット］

No.22
自治体森林政策の可能性
国税森林環境税・森林経営管理法を手がかりに
飛田博史編／諸富徹・西尾隆・相川高信・木藤誠・平石稔・今井照
1,500円

No.23
原発災害で自治体ができたこと できなかったこと
自治体の可能性と限界を考える
今井照編／阿部昌樹・金井利之・石田仁・西城戸誠・平岡路子・山下祐介
1,500円

NO.24
未完の「公共私連携」
介護保険制度20年目の課題
飛田博史編／大森彌・高端正幸・堀越栄子・森安東光
1,500円

NO.25
自治体から考える「自治体DX」
「標準化」「共通化」を中心に
其田茂樹編／牧原出・松岡清志・三木由希子
1,500円

NO.26
コロナ禍で問われる社会政策と自治体
「住まい」の支援を中心に
飛田博史編／田中総一郎・吉岡章・岩永理恵・砂原庸介
1,500円

［京都府立大学京都地域未来創造センターブックレット］

No.1
地域貢献としての「大学発シンクタンク」
京都政策研究センター（KPI）の挑戦
編著 青山公三・小沢修司・杉岡秀紀・藤沢実
1,000円

No.2
もうひとつの「自治体行革」
住民満足度向上へつなげる
編著 青山公三・小沢修司・杉岡秀紀・藤沢実
1,000円

No.3
地域力再生とプロボノ
行政におけるプロボノ活用の最前線
編著 杉岡秀紀
著 青山公三・鈴木康久・山本伶奈 1,000円

No.4
地域創生の最前線
地方創生から地域創生へ
監修・解説 増田寛也
編著 青山公三・小沢修司・
杉岡秀紀・菱木智一　1,000円

No.5
「みんな」でつくる地域の未来
行政・地域・学校の現場から
編著 京都府立大学京都政策研究
センター　1,000円

No.7
人がまちを育てる
ポートランドと日本の地域
編著 川勝健志　1,000円

［地方自治ジャーナル
ブックレット］

No.33
都市型社会と防衛論争
松下圭一　900円

No.34
中心市街地の活性化に向けて
山梨学院大学行政研究センター
1,200円

No.36
行政基本条例の理論と実際
神原勝・佐藤克廣・辻道雅宣
1,100円

No.37
市民文化と自治体文化戦略
松下圭一　800円

No.39
ディスカッション三重の改革
中村征之・大森彌　1,200円

No.41
市民自治の制度開発の課題
山梨学院大学行政研究センター
1,200円

No.43
分権改革と政治改革
西尾勝　1,200円

No.44
自治体人材育成の着眼点
浦野秀一・井澤壽美子・野田邦弘・
西村浩・三関浩司・杉谷戸知也・
坂口正治・田中富雄　1,200円

No.45
シンポジウム障害と人権
橋本宏子・森田明・湯浅和恵・
池原毅和・青木九馬・澤静子・佐々
木久美子　1,400円

No.46
地方財政健全化法で財政破綻は阻止できるか
高寄昇三　1,200円

No.47
地方政府と政策法務
加藤良重　1,200円

No.48
政策財務と地方政府
加藤良重　1,400円

No.49
政令指定都市がめざすもの
高寄昇三　1,400円

No.51
討議する議会
自治体議会学の構築をめざして
江藤俊昭　1,200円

No.52
【増補版】大阪都構想と橋下政治の検証
府県集権主義への批判
高寄昇三　1,200円

No.55
「大阪都構想」を越えて
問われる日本の民主主義と地方自治
(社) 大阪自治体問題研究所　1,200円

No.57
なぜ自治体職員にきびしい法遵守が求められるのか
加藤良重　1,200円

No.58
東京都区制度の歴史と課題
都区制度問題の考え方
著：栗原利美、編：米倉克良
1,400円

No.59
七ヶ浜町（宮城県）で考える
「震災復興計画」と住民自治
編著：自治体学会東北 YP
1,400円

No.60
市民が取り組んだ条例づくり
市長・職員・市議会とともにつ
くった所沢市自治基本条例
編著：所沢市自治基本条例を育
てる会　1,400円

No.61
いま、なぜ大阪市の消滅なのか
「大都市地域特別区法」の成立と
今後の課題
編著：大阪自治を考える会　800円

No.62
地方公務員給与は高いのか
非正規職員の正規化をめざして
著：高寄昇三・山本正憲　1,200円

No.63
大阪市廃止・特別区設置の制度設計案を批判する
いま、なぜ大阪市の消滅なのか Part2
編著：大阪自治を考える会　900円

No.64
自治体学とはどのような学か
森啓　1,200円

No.67
いま一度考えたい大阪市の廃止・分割
その是非を問う住民投票を前に
大阪の自治を考える研究会　926円

NO.73
シンポジウム・マイナンバーカードと保険証の一体化について
地方自治と地域医療の視点から
考える
内田聖子・荻原博子・住江憲勇・
保坂展人・江沢岸生・小島延夫
1,200円